AI와 문화 예술

AI문고

인공지능 시대입니다. 기계가 인간의 인지를 대신하고, 사물이 인간을 통하지 않고 다른 사물과 직접 커뮤니케이션합니다. 이에 따른 인간 삶과 문명 변화를 정확히 이해·예측·대응하는 것은 이 시대 우리 모두의 과제입니다. AI문고는 인공지능 기술과 환경의 여러 주제를 10가지 키워드로 정리합니다. 관련 개념과 이론, 학계와 산업계의 쟁점, 우리 일상의 변화를 다룹니다. 인간과 기술의 현재, 미래를 세심히 분석합니다.

일러두기

- 인명, 작품명, 저서명, 개념어 등은 한글과 함께 괄호 안에 해당 국가의 원어를 병기했습니다.
- 외래어 표기는 현행 어문규정의 외래어표기법을 따랐습니다.

처음이세요?

전문가세요?

AI와 문화 예술

김희수

대한민국, 서울, 커뮤니케이션북스, 2025

AI와 문화 예술

지은이 김희수
펴낸이 박영률

초판 1쇄 펴낸날 2025년 7월 4일

커뮤니케이션북스(주)
출판 등록 2007년 8월 17일 제313-2007-000166호
02880 서울시 성북구 성북로 5-11
전화(02) 7474 001, 팩스(02) 736 5047
commbooks@commbooks.com
www.commbooks.com

ISBN 979-11-430-0625-7 03500

책값은 뒤표지에 표시되어 있습니다.

차례

AI 시대의 문화 예술

예술은 길고, 인생은 짧다

의학의 아버지 히포크라테스(Hippocrates)는 기원전 400년, 그의 잠언집 첫머리에 "예술은 길고, 인생은 짧다(Art is long, Life is short)"는 말을 남겼다. 이는 인간 삶의 유한함과 예술의 영원성을 대비하는 표현으로, 지금까지 우리에게 긴 여운을 남기고 있다. 의사였던 히포크라테스가 예술에 대해 논한 점이 의아할 수 있지만, 당시에는 예술이 오늘날의 예술과 의술을 포함한 각종 기술을 아우르는 용어였다는 점을 고려해야 한다. 히포크라테스는 예술의 가치를 단순한 기술을 넘어, 숙련된 기술과 창의성을 바탕으로 오랜 세월에 걸쳐 전승되며 발전하는 학문으로 정의한 것이다.

히포크라테스가 지속성과 영원성을 강조하며 예술의 본질을 정의한 것처럼, 오늘날 인공지능(Artificial Intelligence, AI)은 새로운 창작 도구로 자리하며 예술의 본질을 재정의하는 역사적 전환을 이끌고 있다. 예술은 오랫동안 인간 고유의 감성과 창의성의 영역으로 간주되어 왔으나, 파운데이션 모델(Foundation Model)과 생성형 인공지능(Generative AI)의 등장은 예술의 정의와 경계를 근본적으로 재구성하고 있다.

기술의 비약적 발전으로 예술 창작 환경이 급격히 재편되고 있는 대전환의 시대에 컴퓨터 비전을 기반으로 인공지능 기술과 문화 예술을 연구해 온 학자로서, 기술과 예술의 융합이 만들어 낼 새로운 문화적 패러다임을 성찰하며 이 책을 집필했다.

문화 예술은 한 사회의 구성원들이 공유하는 가치, 전통, 생활양식 등 문화적 요소와, 음악 · 미술 · 문학 · 연극 등 예술적 창작 활동이 결합된 개념으로, 인간의 삶을 풍요롭게 하고, 사회적 정체성과 창의성을 표현하는 중요한 매개체다.

이 책은 인공지능이 단순한 도구를 넘어 창작의 주체로 기능할 수 있는 가능성에 주목하며, 그로 인해 제기되는 미학적, 윤리적, 사회문화적 쟁점들을 문화 예술의 시각에서 조명하고자 한다. 인공지능과 예술의 갈림길에서 자신의 길을 찾고자 하는 이들, 그리고 예술을 사랑하는 모든 이들에게 이 책은 조용히 말을 건네는 한 편의 사색의 기록이다. 인공지능 기술이 숨 가쁘게 질주하는 오늘날, 새로운 가능성의 문을 두드리는 이들에게 이 책이 어둠 속을 밝혀 주는 따뜻한 한 줄기 빛이 되기를 바란다.

AI가 창조한 문화 예술 풍경

인공지능이 예술의 세계에 깊이 스며들면서, 우리는 예술의 본질과 창작 주체에 대해 다시 생각하게 된다. 예술이 인간의 영역이라는 전통적 인식은 흔들리고 있으며, 창작 도구를 넘어 창작의 동반자이자, 나아가 주체로서의 AI에 대한 관심이 높아지고 있다. 지금 우리에게는 인공지능이 예술의 다양한 영역에 미치는 영향과 그 의미를 인문학적, 미학적, 사회문화적 맥락에서 깊이 있게 탐색하는 시도가 요구된다.

특히 예술의 창작과 감상, 비평과 교육, 전시와 유통 등 문화 예술 전반에 걸쳐 인공지능이 어떤 방식으로 의미를 만들어 내고, 새로운 예술 생태계를 형성해 나가는지를 문화 예술적 시각에서 통합적으로 조망해 볼 필요가 있다.

이 책은 AI와 문화 예술의 관계를 다각도로 조망하고, 새로운 창작의 지형을 구체적으로 살펴보기 위해 10개의 주요 토픽을 각 장에 담았다.

1장 'AI와 예술의 동행'은 기술과 예술이 협업하는 새로운 흐름을 개괄하며, AI가 창작의 동반자로 자리 잡아가는 과정을 조망한다.

2장 'AI가 그려낸 미술'은 생성형 인공지능을 활용한 미술을 통해 인간의 감성과 기계의 창조 능력이 결합되는 과정을 살펴보며, 창작 주체의 변화와 윤리적 · 사회적 쟁점을 함께 고찰한다.

3장 'AI와 함께 미술관 산책'은 관람객의 감상 경험을 변화시키는 AI 도슨트(Docent)와 디지털 트윈(Digital Twin) 기술을 기반으로 예술 감상의 패러다임 전환을 살펴본다.

4장 'AI가 큐레이팅한 예술 시스템'은 창작자, 감상자, 유통자 간의 경계가 흐려지는 가운데, AI가 예술 생태계 구조를 어떻게 재편하는지를 다룬다.

5장 'AI로 엮어 낸 문학'은 대규모 언어 모델(Large Language Model, LLM)이 문학 창작의 동반자로 등장하면서 열리게 된 인간과 AI의 협업적 창작 환경을 살펴본다. 이러한 새로운 환경 속에서 프롬프트 기반의 AI를 효과적으로 활용하려면, 풍부한 언어 감각과 비판적 사고를 길러 주는 독서의 중요성이 더욱 강조된다. 이처럼 인간의 상상력과 기계의 생성 능력이 맞닿는 지점에서, 문학의 고유성과 창조의 개념에 대한 의미를 되짚어 본다.

6장 'AI가 기획한 공연 예술'은 작곡, 오페라, 무용, 연극 등 여러 예술 장르에서 AI와 인간이 협업하는 현장을 소개한다. 이 과정에서 AI가 인간 창작자와 함께 예술을 만들어 가는 방식과 그 의미를 탐구하며, 공연 예술의 예술성과 윤리성에 대해 새로운 시각으로 성찰한다.

7장 'AI가 지은 건축 예술'은 파라메트릭 디자인(Parametric Design)과 자동 설계를 통해 변화하는 공간 미학을 중심으로, 건축의 예술성과 기능성이 어떻게 새롭게 정의되는지를 보여 준다.

8장 'AI가 만든 음식 예술'은 AI가 식재료 조합과 레시피 설계, 건강 맞춤형 식단 구성, 조리 자동화, 그리고 재료의 색상을 분석한 플레이팅 디자인에 이르기까지 음식 예술의 새로운 가능성을 여는 과정을 살펴본다.

9장 'AI가 디자인한 패션'은 AI가 개인의 취향과 사회적 정체성을 분석해 창의적인 디자인을 제안하고, 트렌드 예측, 스타일 추천, 브랜드 경험 강화, 지속 가능성 전략까지 인간과 협업해 패션 산업의 새로운 지평을 열어 가는 과정을 살펴본다.

10장 'K-AI 문화 예술'은 한국형 인공지능 기반의 문화 예술 지형을 주도적으로 형성해 나가기 위해 AI 예술 교육과 더불어 한국 고유의 정서와 미학을 반영한 한국형 파운데이션 모델의 방향을 살펴본다. 아울러 AI가 문화 예술과 융합되어 발생하는 변화들을 어떻게 해석할지, 그 의미와 책임을 어떤 문화적 기준과 윤리적 통찰 속에서 설정할 수 있을지 조망한다.

이 책에서 다루는 10가지 주제는 인공지능 시대에 문화 예술이 나아갈 방향을 모색하며, 예술과 기술의 교차점에서 새로운 가능성을 탐색하고자 하는 이들에게 통합적 관점을 제공하고자 한다.

AI가 스며든 문화 예술의 윤리학

AI 기반의 문화 예술은 기술적 혁신을 넘어 철학적이고 윤리적인 질문을 제기하며, 창작의 경계를 새롭게 정의하고 있다. AI가 예술의 본질과 의미를 탐구하는 하나의 주체로 자리 잡으면서, 저작권, 창작 주체, 감성의 문제 등이 부상하고 있다. AI가 진정으로 예술을 이해할 수 있는지, 아니면 단순히 모방하는 것에 불과한지에 대한 질문은 결국 AI 창작물에 인간의 감성이 담기지 않았더라도 그것을 진정한 예술로 간주할 수 있는지에 대한 논쟁으로 이어진다.

AI와 인간의 협업은 예술적 결과물에 새로운 감각과 경험을 제공하며, 기존의 형식과는 전혀 다른 창의적 가능성을 열어 간다. 그러나 이 과정에서 AI는 단순한 도구로 머물 것인가, 아니면 예술가로서 인정받을 수 있는가에 대한 질문이 제기된다.

AI 기반의 문화 예술은 인간의 감성과 기술의 결합을 통해 창작의 지평을 확장하지만, 윤리적 문제를 동시에 부상시키고 있다. 또한 AI가 생성한 예술 작품이 차별적이거나 편향적인 내용을 포함할 경우, 법적으로 어떻게 대응할 수 있는지도 중요한 논점이다.

AI 문화 예술의 윤리적 문제를 해결하기 위해서는 데이터의 투명성, 협업의 공정성, 창작자 보호가 필수적이다. AI가 보다 공정하고 창의적인 방식으로 예술을 생성할 수 있도록 다양한 문화와 가치관을 반영한 데이터를 학습시키고, 데이터와 알고리즘의 편향성을 감지하는 기술을 개발하는 것이 필요한 시점이다.

AI 문화 예술의 미래는 기술과 윤리가 조화를 이루는 방향으로 나아가야 한다. AI가 단순히 데이터를 학습해 창작하는 도구를 넘어, 인간과 협력해 보다 의미 있는 예술을 창조할 수 있는 환경을 조성하는 것이 중요하다. AI가 그리는 그림 한 장에는 수천 개의 무허가 작품이 숨겨져 있으며, 이는 단순한 기술적 문제가 아니라 인간의 윤리적 책임을 요구한다. 이를 위해 AI가 창조하는 예술이 더욱 공정하고 창의적인 방향으로 발전할 수 있도록 지속적인 연구와 개선이 이뤄져야 할 것이다.

AI 문화 예술은 인간의 창작성과 기술의 결합을 통해 새로운 시대를 열고 있다. 그러나 이 과정에서 우리는 창작의 신성함을 지키기 위한 윤리적 나침반을 놓쳐서는 안 된다. AI가 예술의 경계를 넓히는 동안, 우리는 창작 과정의 투명성과 협업의 공정성을 통해 AI와 인간이 공생하는 창조적 미래를 만들어야 할 것이다.

이 책은 인공지능이 예술의 도구를 넘어 창작의 주체로 기능하는 시대에, 우리가 마주한 기술적 진보와 미학적, 윤리적, 사회문화적 질문들을 성찰하며, 예술과 기술이 조화롭게 공존하는 방향을 모색하고자 한다. 독자들이 이 책을 통해 AI 문화 예술의 본질과 미래를 깊이 있게 이해하고, 기술과 예술의 연결 지점을 탐색하길 기대한다.

참고문헌

Anantrasirichai, N., et al.(2025.1.6). Artificial intelligence in creative industries: Advances prior to 2025. *ArXiv*, https://arxiv.org/abs/2501.02725

Artificial Intelligence Index Report 2025. Stanford University. *HAI(Human-Centered Artificial Intelligence)*, https://hai.stanford.edu/assets/files/hai_ai_index_report_2025.pdf

Interaction Design Foundation(2023.12.8). What is AI-generated art?, https://www.interaction-design.org/literature/topics/AI-generated-art

Mishra, A.(2025.2.3). Progress in generative AI: A detailed report(2022 – 2025). *LinkedIn,* https://www.linkedin.com/pulse/progress-generative-ai-detailed-report-20222025-abinash-mishra-5hqec

Shalwa(2024.12.2). How large is the global AI in the art market? *Artsmart.AI,* https://artsmart.AI/blog/AI-in-the-art-market-statistics/

UNESCO(2009). The 2009 UNESCO framework for cultural statistics(FCS). UNESCO Institute for statistics, https://uis.unesco.org/sites/default/files/documents/unesco-framework-for-cultural-statistics-2009-en.pdf

Zhou, E. & Lee, D.(2024.3.5). Generative artificial intelligence, human creativity, and art. *PNAS Nexus,* 3(3), https://doi.org/10.1093/pnasnexus/pgae052

01

AI와 예술의 동행

최근 인공지능 기술이 진화함에 따라 1950년대 알고리즘 기반의 예술에서 시작된 디지털 예술은 기술과 감성이 융합된 인공지능 예술로 확장되었다. 이제 인공지능은 단순한 도구를 넘어 문화 예술의 창작과 감상에 영향을 미치는 창조의 동반자로 자리매김하며, 예술과 나란히 동행의 길을 걷기 시작했다.

AI와 1인 창업?

예술을 만드는 기계

예술의 손길이 AI 알고리즘을 타고 흐르고 있다. 예술과 인공지능 기술의 융합은 단순히 새로운 도구를 활용하는 데 그치지 않고, 예술의 본질을 끊임없이 재편하며 확장하고 있다. 인공지능은 예술의 경계를 넘나들며, 인간과 상호작용을 통해 새로운 창작의 세계를 열어 가고 있다. 이러한 변화는 인공지능이 단순한 창작 보조 수단을 넘어 예술의 정의 자체를 재구성하는 주체로 부상하고 있음을 시사한다.

역사적으로 예술 창작은 인간 고유의 영역으로 여겨져 왔으나, 기술의 발전은 예술 형태와 창작 주체의 개념을 지속적으로 확장해 왔다. 특히 카메라의 등장은 회화 예술의 위기를 예견했으나, 오히려 예술의 새로운 장르와 표현 양식의 등장을 촉진했다(Benjamin, 1935). 최근에는 인공지능의 발전이 인간의 창작 영역을 대체할 것이라는 우려가 제기되고 있는 한편, 인간과 인공지능의 파트너십을 기반으로 한 새로운 문화 예술의 시대가 도래할 것이라는 전망도 힘을 얻고 있다(McCormack et al., 2019).

19세기 중반 사진술의 발명은 당시 화가들에게 큰 충격을 주었다. 사실적 재현에 특화된 회화의 역할이 사진으로 대체될 것이라는 우려가 확산되었다. 그러나 사진의 등장은 오히려 인상주의, 추상화 등 새로운 예술 사조의 탄생을 촉진했고, 화가들은 사진이 할 수 없는 창의적 표현과 해석에 집중하게 되었다(Gombrich, 1995). 이처럼 기술의 발전은 예술의 종말이 아니라 그 경계와 가능성을 확장하는 계기가 되어 왔다.

21세기 들어 생성형 인공지능 기술의 발전은 예술 창작의 패러다임을 다시 한 번 변화시키고 있다. 인공지능은 방대한 데이터 학습을 통해 새로운 음악, 미술, 문학 작품을 생성할 수 있으며, 이는 인간 창작자의 역할에 근본적인 문제를 제기한다. 최근 담론에서는 인공지능이 인간의 창의성을 대체하기보다는 인간과의 협업을 통해 새로운 예술적 가능성이 확장되는 데 주목하고 있다.

인공지능은 반복적이거나 계산적인 작업을 효율적으로 수행할 수 있지만, 예술적 맥락의 해석, 사회·문화적 의미 부여, 창의적 의도 설정 등은 여전히 인간 고유의 영역으로 남아 있다. 최근 인간 작가와 인공지능이 파트너로 협력해 인간의 상상력과 인공지능의 생성 능력이 결합된 새로운 형태의 예술 작품이 등장하고 있다(McCormack et al., 2019). 이러한 협업은 예술의 표현 범주를 확장할 뿐만 아니라, 문화 예술의 새로운 시대를 여는 중요한 전환점으로 작용하고 있다.

과거 사진술의 등장이 예술의 종말이 아닌 변혁의 계기가 되었듯, 인공지능의 발전 역시 인간의 창작 영역을 위축시키기보다는 인간과 인공지능의 협업을 통한 새로운 예술적 지평을 열고 있다. 향후 예술은 인간 중심의 창의성과 인공지능의 기술적 역량이 상호 보완적으로 융합되는 과정을 통해 더욱 다채롭고 혁신적인 문화 예술의 시대로 진화할 것으로 예상된다.

오늘날 인공지능을 활용한 디지털 예술이 등장하기까지 기술과 예술은 각 시대마다 긴밀하게 관계를 맺으며 함께 발전해 왔다. 이러한 흐름을 살펴보고, 인공지능이 예술 분야에 어떤 흔적을 남기게 될지 살펴보자.

디지털 예술의 기원

1960년대 초반부터 1970년대 중반은 컴퓨터 알고리즘이 예술 창작에 도입된 초기 단계로, 단순한 수학적 계산과 패턴 생성에 초점이 맞춰졌다. 당시의 예술적 실험들은 기술적 가능성을 탐구하는 데 집중했지만, 결과적으로 디지털 예술이라는 새로운 가능성을 보여 주었다 (Edmonds, 2018).

독일의 프리더 나케(Frieder Nake)는 1960년대 초 컴퓨터를 활용해 알고리즘 기반의 추상 그래픽을 창작했다(Nake, 2014). 1963년부터 컴퓨터 프로그램을 작성해 작품을 제작하기 시작했으며, 1965년 슈투트가르트의 한 갤러리에서 첫 컴퓨터 그래픽 전시회를 열었다. 그의 작업은 독일 철학자 막스 벤제(Max Bense)의 '정보 미학' 이론에 영향을 받아, 복잡한 알고리즘을 통해 수학적 규칙에 따라 이미지를 생성했다. 이를 통해 인간의 손이 아닌 컴퓨터가 예술 창작의 주체가 될 수 있음을 입증했다.

영국의 해럴드 코언(Harold Cohen)은 1970년대 초 '아론(AARON)'이라는 전문가 시스템을 개발했다(Mc Corduck, 1990). 아론은 초기에는 추상 흑백 드로잉을 생성했으나, 점차 식물과 인물 묘사, 색채 추가 등으로 진화했다. 코언은 이 프로그램이 이미지, 사진, 텍스트 등의 외부 입력 없이 내장된 규칙과 알고리즘만으로 독자적인 예술 작품을 창작하도록 설계했으며, 이 과정에서 알고리즘이 창작 도구를 넘어 예술적 주체로 기능할 수 있음을 보여 주었다.

나케와 코언의 작품은 전통적인 예술계에서 의아한 시선을 받기도 했지만, 기술과 창작이 융합될 수 있다는 점을 보여 주는 중요한 시도였다. 이 시기의 실험들은 컴퓨터가 단순한 계산 기계를 넘어 창작의 도구로 활용될 수 있다는 가능성을 열어 주었다.

창조의 주체: 기계와 인간, 그리고 예술

1980년대 후반부터 1990년대 후반까지는 디지털 기술이 예술의 본질을 흔든 분기점이었다. 컴퓨터가 단순한 도구를 넘어 창작의 동반자로 부상하며, 인간은 "예술이란 무엇인가"라는 근원적 질문과 마주해야 했다. 이 흐름을 이해하기 위해 대표적인 사례들을 살펴보자.

첫 번째로, 미국의 데이비드 코프(David Cope)가 1980년대 초부터 개발하기 시작한 인공지능 작곡 프로그램 EMI(Experiments in Musical Intelligence)는 바흐의 음표를 해체하고 재조합했다(Cope, 2001). 1980년대 후반에 EMI는 바흐 스타일의 인벤션(Invention)을 두 개의 독립적인 선율이 어우러지는 대위법적 형식의 짧은 기악곡으로 완성했다. 인공지능이 만들어 낸 이 악보는 놀라운 음악적 완성도를 보여 주었고, 음악계는 그 정교함에 경이로움을 느끼는 동시에 깊은 불안을 감추지 못했다. "이것은 진정한 창작인가, 아니면 단순한 모방인가?"라는 질문은 당시에도 격렬한 논쟁을 불러일으켰으며, 그 물음은 지금도 여전히 이어지고 있다.

두 번째로, 1995년, 아론 전문가 시스템의 흑백에서 채색으로 진화하는 과정은 마치 어린아이가 예술가로 성장하는 듯했지만, 코언은 "아론은 단지 도구일 뿐"이라 말하며 창작의 주체성에 대한 미묘한 경계를 남겼다.

세 번째로, 1997년 봄, IBM의 딥 블루(Deep Blue)가 체스 챔피언 가리 카스파로프(Garry Kasparov)를 상대로 승리한 순간, 우리는 두 개의 별이 충돌하는 광경을 목격했다. 하나는 논리와 계산으로 빚어진 기계의 별, 다른 하나는 직관과 창의성으로 빛나는 인간의 별. 그 충돌의 여운은 체스 판을 넘어 예술의 영역까지 파장을 일으켰다. 딥 블루는 초당 2억 개의 수를 계산하며 인간의 사고 속도를 압도했다(Kasparov, 2010). 그러나 그 승리는 닫힌 체스 판 안에서만 유효했다. 예술은 체스와 달리 규칙이 없는 게임이다. 화이트 큐브의 빈 벽에 걸린 그림 한 점이 수천 개의 해석을 낳는 것처럼, 예술은 모호성 그 자체를 양식으로 삼는다. 기계는 승리의 패턴을 복제할 수 있어도, 패배의 아름다움을 이해하지 못했다.

인공지능 기술이 빠르게 발전하며 예술의 도구를 넘어 창작의 동반자로 자리 잡아 가는 오늘, 우리는 다시금 1997년의 한 장면을 떠올리게 된다. 세계적인 체스 챔피언을 꺾은 IBM의 슈퍼컴퓨터 '딥 블루'는 단순한 승리를 넘어, 인간과 기계 사이의 창의성과 주체성에 대한 본질적인 질문을 던졌다. "창조의 주체는 과연 누구인가?" 이 물음은 지금도 여전히 유효하며, 인공지능 시대의 문화 예술을 고민하는 이들에게 깊은 성찰의 계기를 제공한다.

기계가 계산과 분석의 영역에서 인간을 능가하게 된 지금, 예술의 본질에 대해 다시 생각해 보지 않을 수 없다. 기계는 연산 속도와 정확성 면에서 탁월할지 모르지만 감정과 해석, 여운과 공감이라는 예술의 언어는 여전히 인간만의 고유한 방식으로 구현되어 왔다. 체스 판은 기계에게 넘겨줄 수 있을지 몰라도 캔버스 위의 여백, 악보의 침묵, 시의 여운, 무대 위에서 피어나는 감정의 떨림은 여전히 인간의 손끝에서 비롯된 감성과 상상력의 산물이라 할 수 있다.

문화 예술의 관점에서 예술은 단순한 기술적 산출물이나 시각적 결과물이 아니라 인간의 경험과 정서, 시대의 흐름이 녹아든 표현이다. 인공지능이 만들어 내는 창작물의 수준이 점점 높아지고 있지만, 그 의미를 어떻게 받아들이고 해석할 것인지는 여전히 인간의 몫이다.

앞으로 인공지능이 문화 예술의 영역에서 어떤 역할을 하게 될지는 아직 명확히 단정할 수 없다. 이는 인간 고유의 감성적 통찰과 상상력이 과연 기술로 완전히 대체될 수 있을지에 대한 근본적인 물음과도 맞닿아 있으며, 그에 대한 해답은 여전히 우리가 풀어 가야 할 과제로 남아 있다. 인공지능과 융합된 문화 예술의 발전 가능성과 한계는 향후 기술의 진보와 인간의 수용 방식에 따라 끊임없이 논의되고, 새롭게 재해석될 것으로 보인다.

참고문헌

Benjamin, W.(1935). The work of art in the age of mechanical reproduction. In Arendt, H.(ed.). *Illuminations*(1969). Schocken Books, https://web.mit.edu/allanmc/www/benjamin.pdf

Cope, D.(2001). *Virtual music: Computer synthesis of musical style*. MIT Press.

Edmonds, E. A.(2018.3). The art of interaction: What HCI can learn from interactive art. *Synthesis lectures on human-centered informatics,* 11(1), pp.1-73, https://www.researchgate.net/publication/323669770_The_Art_of_Interaction_What_HCI_Can_Learn_from_Interactive_Art

Gombrich, E. H.(1995). *The Story of Art*(16th ed.). Phaidon.

Kasparov, G.(2010). *Deep thinking: Where machine intelligence ends and human creativity begins*. John Murray, https://aitskadapa.ac.in/e-books/AI&ML/DEEP%20LEARNING/Deep%20Thinking_%20Where%20Machine%20Intelligence%20Ends%20and%20Human%20Creativity%20Begi

ns%20(%20PDFDrive%20).pdf

McCorduck, P.(1990). *AARON's code: Meta-Art, artificial intelligence, and the work of Harold Cohen.* W. H. Freeman.

McCormack, J., et al.(2019.3.6). Autonomy, authenticity, authorship and intention in computer generated art. *ArXiv,* https://arxiv.org/abs/1903.02166

Nake, F.(2014.4). The semiotic engine: Notes on the history of algorithmic images in Europe. *Art journal,* 68(1), pp.76-89, https://www.researchgate.net/publication/271747025_The_Semiotic_Engine_Notes_on_the_History_of_Algorithmic_Images_in_Europe

02
AI가 그려낸 미술

미술은 형태와 색채, 공간, 소재를 활용해 인간의 내면과 세계를 표현하는 예술 활동이다. 인공지능 기술과 미술의 만남은 그 자체로 경이로운 결과를 낳았으며, 특히 생성형 인공지능은 단순한 창작 도구를 넘어 미술의 본질을 탐구하고, 새로운 스타일의 창조와 몰입형 예술 경험을 제공함으로써 문화 예술의 세계를 확장해 나가고 있다.

AI와 MBTI?

생성형 인공지능의 미술 세계

생성형 인공지능은 문학, 음악, 이미지, 영상 등 다양한 형태의 콘텐츠를 스스로 만들어 내는 인공지능 기술을 말한다. 이 기술은 대규모 데이터 학습을 통해 기존의 패턴과 구조를 파악하고, 사용자의 지시에 따라 이전에 존재하지 않았던 결과물을 생성한다. 주로 딥 러닝(Deep learning) 기반의 생성적 적대 신경망(Generative Adversarial Network, GAN), 확산 모델(Diffusion Model), 비전-언어 모델(Vision-Language Model, VLM) 등 고도화된 머신 러닝 모델을 활용한다(Song et al., 2025). 생성형 인공지능은 기존 데이터를 단순히 분석하거나 분류하는 데 그치지 않고, 학습한 내용을 바탕으로 새로운 창작물을 능동적으로 만들어 낸다는 점이 특징이다. 기술과 예술의 만남은 언제나 경이로운 결과를 가져왔고, 생성형 인공지능은 지금 문화 예술의 새로운 지평을 열어 가고 있다(SuperAnnotate, 2025).

인공지능이 문화 예술의 영역에 본격적으로 진입하면서 미술 창작의 풍경도 빠르게 변화하고 있다. 생성형 인공지능은 인간의 상상력과 알고리즘의 창의성이 결합된 새로운 예술적 실험의 장을 열었다. 과거에는 화가의 붓끝에서만 탄생하던 작품들이 이제는 프롬프트(Prompt)

와 데이터, 그리고 인공지능 모델링을 통해 현실로 구현된다.

인공지능은 수많은 예술 작품을 학습하며, 독창적인 스타일과 새로운 조형 언어를 스스로 만들어 낸다. 이 과정에서 인간은 예술가이자 기획자, 그리고 인공지능 협업자라는 새로운 역할을 부여받는다. 생성형 인공지능 기술을 활용한 미술은 예술의 경계를 넓히고, 누구나 창작자가 될 수 있는 '창작의 민주화'를 실현한다. 동시에 작품의 주체성과 창의성, 저작권 등 기존 예술의 정의에 대한 근본적인 질문을 던진다. 이제 미술 세계는 인간과 인공지능이 함께 상상하고 창조하는, 전례 없는 협업의 시대로 접어들고 있다.

AI 창작의 수용과 논쟁

2020년대 들어 생성형 인공지능 기술이 비약적으로 발전하면서 예술 창작의 방식이 근본적으로 변화하고 있다. 생성적 적대 신경망, 확산 모델, 비전-언어 모델 등 첨단 생성형 인공지능의 융합은 예술계에 새로운 창작 도구이자 창작 주체로서의 인공지능이라는 화두를 던졌다. 이로 인해 예술의 정의와 창작 주체성을 둘러싼 논쟁이 본격화되고 있다.

대표적인 사례로, 2022년 미국 콜로라도 주립 박람회 미술 대회에서 제이슨 앨런(Jason Allen)은 확산 모델 기반의 이미지 생성 인공지능 '미드저니(Midjourney)'를 활용해 〈스페이스 오페라 극장(Theâtre D'opéra Spatial)〉이라는 작품을 출품했고, 디지털 예술 부문 1위를 차지했다. 앨런은 80시간 이상 프롬프트를 수정하고, 수백 개의 이미지를 생성한 뒤, 최종 3개를 선별해 포토샵 프로그램으로 보정해 제출했다. 그는 작품 출품 시 '미드저니를 거친 제이슨 M. 앨런'이라고 명확히 출처를 밝혔다.

이 소식은 디스코드와 트위터 등 온라인 커뮤니티를 통해 빠르게 확산되었고, "붓질 한 번 없이 이룬 승리는 정당한가?", "AI가 만든 작품에도 예술성이 있는가?" 등 근본적인 질문을 불러일으켰다. 예술계에서는 생성형 인공지능이 단순한 도구인지, 아니면 창작의 주체인지를 두고 찬반 논쟁이 팽팽히 맞섰다(Howard, 2022). 콜로라도 농무부는 대회 규정상 디지털 기술 활용이 허용되었고, 인공지능 사용 사실도 숨기지 않았다는 점을 들어 심사의 공정성을 강조했다. 심사위원들 역시 인공지능 사용 여부를 알지 못했으나, 알았더라도 결과는 달라지지 않았을 것이라고 밝혔다.

이 사건은 생성형 인공지능이 예술 창작 과정에 깊숙이 개입하면서 발생하는 창작 주체성 문제와 저작권 논란을 전면에 드러냈다. 특히 인공지능이 학습에 사용한 기존 작품들의 무단 활용 의혹과 이에 따른 저작권 침해 문제는 법적·윤리적 논쟁으로 확산되었다. 2023년 미국 저작권청이 인공지능 생성물에 저작권을 인정하지 않는 판결을 내리면서, 이 문제는 제도적 차원으로까지 확대되었다.

한편, 미드저니 등 생성형 인공지능 플랫폼의 확산과 함께 프롬프트 거래 시장이 형성되는 등 산업적 파급력도 커지고 있다. 생성형 인공지능 예술은 기술적 진보를 넘어 예술의 정의와 창작의 의미를 근본적으로 재고하게 만드는 전환점이 되었으며, 인간과 기계가 협력하는 새로운 창작의 시대가 도래했지만 그 경계와 책임에 관한 논의는 여전히 진행 중이다.

제이슨 앨런의 작품이 촉발한 논쟁은 '창작의 민주화'와 '기술 윤리'가 교차하는 지점에서 인간과 기계의 관계를 재정의하는 계기가 되고 있다. 생성형 인공지능이 예술의 도구인지 주체인지에 대한 답은 여전히 열려 있지만, 분명한 것은 기술 발전 속에서 예술의 경계가 끊임없이 재편되고 있다는 점이다.

GAN이 그려낸 그림

2014년 등장한 생성적 적대 신경망(GAN)은 예술 창작의 새로운 가능성을 열었다. GAN은 생성자(Generator)와 판별자(Discriminator)가 경쟁하는 구조로, 생성자는 무작위 노이즈에서 점차 실제와 유사한 이미지를 만들어 내고, 판별자는 이를 진짜와 가짜로 구분하며 생성자의 성능을 지속적으로 향상한다. 이러한 학습 과정은 GAN이 고해상도 이미지를 생성할 수 있도록 발전하는 데 핵심 역할을 했다.

특히 2019년에 발표된 '스타일 GAN'은 계층적 네트워크 구조를 통해 저해상도 형태에서부터 세부 질감과 색조까지 정교하게 구현하며, 인물 초상화와 추상 미술 분야에서 인간 작가와 견줄 만한 수준의 결과물을 만들어 냈다(GarageFarm.NET, 2025). 생성자는 기존 데이터의 패턴을 해체하고 재조합하는 과정을 통해 단순한 복제를 넘어 디지털 창작자의 역할을 수행한다. 판별자는 생성된 이미지가 실제 예술 작품과 얼마나 일치하는지를 평가하며, 단순한 이미지 정확도를 넘어 예술적 일관성과 독창성까지 판단한다. 이 과정에서 생성자는 판별자의 기준을 만족시키기 위해 더욱 창의적인 표현을 모색하게 되며, 이는 인간 예술가의 비평을 기반으로 하는 개선 과정과 유사한 피드백 루프를 형성한다.

GAN은 이처럼 생성자와 판별자가 서로를 견제하고 자극하는 경쟁 구조를 통해, 스스로 진화해 나가는 독특한 메커니즘을 지닌다. 이 팽팽한 균형 속에서 인공지능은 학습된 상상력을 발휘하며, 이전에 없던 새로운 예술적 결과물을 창조해 낸다. GAN 예술의 미학은 바로 이 경쟁과 조화의 역동성에 깃들어 있다.

하지만 GAN 기반 예술은 여전히 학습 데이터 편향과 저작권 문제라는 한계에 직면해 있다. 생성된 작품이 기존 예술 작품의 요소를 포함한다는 점에서 표절 논란이 불가피하며, 판별자의 평가 기준이 과거 데이터에 의존한다는 점은 진정한 혁신의 장애물이 된다. 그럼에도 GAN은 인간과 기계가 협업하는 새로운 예술 장르의 가능성을 보여 주었다.

앞으로 인간 예술가는 GAN 기술을 단순한 도구가 아닌 대화 상대로 인식하며, 생성자의 알고리즘을 조작하거나 판별자의 기준에 인간적 미학을 주입하는 등 심층적 상호작용을 통해 창작의 영역을 확장할 것이다. 인공지능이 그려낸 작품에 인간은 무엇을 그릴지 결정하는 것을 넘어, 그 작품에 어떤 의미를 부여할지 고민하는 방향으로 진화할 것으로 보인다.

프롬프트의 미학

프롬프트는 이미지를 생성하는 인공지능 모델에 입력하는 텍스트 지시문으로, 사용자가 원하는 이미지의 주제, 스타일, 분위기, 구도 등 다양한 요소를 구체적으로 설명하는 역할을 한다. 프롬프트가 구체적이고 명확할수록 인공지능은 사용자의 의도를 정확히 반영한 문장이나 이미지를 생성할 확률이 높아진다(Milvus.io, 2025). "창틀에 앉아 도시 풍경을 내려다보는 털이 풍성한 고양이" 처럼 서술적이고 세부적인 프롬프트를 입력하면, 인공지능은 이를 바탕으로 프롬프트가 담고 있는 의미를 시각적으로 구현한 이미지를 만들어 낸다.

현재 챗GPT(ChatGPT)에 내장된 이미지 생성 기능은 '달리(DALL-E)'라는 인공지능 모델을 기반으로 한다. 달리는 오픈AI(OpenAI)가 개발한 이미지 생성 인공지능 모델로, 그 이름부터 상징적이다.

달리는 스페인의 초현실주의 화가 '살바도르 달리(Salvador Dali)'와 픽사 애니메이션 영화 속 로봇 캐릭터 '월-E(WALL-E)'의 이름을 결합해 만들어졌다(OpenAI, 2021). 'DALL'은 초현실주의 미술의 대명사인 달리를 떠올리게 하며, 달리는 현실에 존재하지 않는 상상 속의 이미지를 만들어 낼 수 있다는 점과 연결된다. 픽사 애니메이션 영화 속 로봇 캐릭터에서 따온 'E'는 기술, 특히 인간과 소통하는 따뜻한 인공지능 이미지를 연상시키도록 구성되었다.

'달리'는 인공지능의 창의적 잠재력과 문화적 상징성을 함께 담고 있는 대표적인 이미지 생성 인공지능 모델로 자리를 잡아가고 있다. 사용자가 달리에 입력한 프롬프트는 자연스럽게 해석되며, 그 해석을 바탕으로 달리는 정교하고 사실적인 이미지를 구현한다.

이제 누구나 프롬프트만으로 창의적인 이미지를 구현할 수 있는 시대가 열렸다. 생성형 인공지능 기술의 발전으로 사용자는 복잡한 디자인 도구 없이-프롬프트를 입력하는 것만으로 원하는 이미지를 빠르게 생성할 수 있게 되었다. 이로써 전문 디자이너가 아니더라도 창의적인 맞춤형 시각 콘텐츠를 손쉽게 제작할 수 있는 환경이 마련되었다. 이러한 변화는 디지털 예술과 콘텐츠 제작 분야 전반에 걸쳐 접근성과 효율성을 크게 향상하고 있다. 특히 교육, 마케팅, 출판, 디자인 등 다양한 산업 분야에서 활용도가 높아지며, 창작 도구의 대중화와 함께 콘텐츠 제작의 패러다임이 빠르게 전환되고 있다.

이러한 기술의 발전이 기존 디자이너들에게 위협으로 다가오고 있는 점도 사실이다. 창작의 민주화와 기술 발전의 이면에 직업적 변화와 새로운 경쟁 환경이 출현하고 있다.

참고문헌

GarageFarm.NET(2025). Understanding styleGAN: A deep dive into generative adversarial networks, https://garagefarm.net/blog/understanding-stylegan-a-deep-dive-into-generative-adversarial-networks

Howard, A. M.(2022). Notable cases and controversies in AI art copyright. *HLG(Howard Law Group)*, https://www.howardlg.com/notable-cases-and-controversies-in-ai-art-copyright/

Milvus.io(2025). How do vision-language models aid in artistic content generation?, *Milvus, AI Reference*, https://milvus.io/ai-quick-reference/how-do-visionlanguage-models-aid-in-artistic-content-generation

OpenAI(2021.1.5). DALL·E: Creating images from text, https://openAI.com/blog/dall-e

Song, J., et al.(2025.2.6). Generative adversarial networks bridging art and machine intelligence. *ArXiv*, https://arxiv.org/abs/2502.04116

SuperAnnotate(2025.2.28). Introduction to diffusion models for machine learning, https://www.superannotate.com/blog/diffusion-models

03
AI와 함께 미술관 산책

AI 도슨트는 자연어 처리, 이미지 인식, 음성 합성 등 첨단 기술을 바탕으로 예술 감상 방식을 혁신하고 있다. 세계 주요 미술관과 박물관에서 AI 도슨트가 활발히 활용되며, 작품의 배경과 의미를 심도 있게 전달하고 몰입감 있는 경험을 제공한다. 이러한 기술은 예술의 접근성을 높이고, 관람객과의 상호작용을 강화하며, 디지털 트윈 기술과 연결되어 AI 시대의 새로운 감상 패러다임을 열어 가고 있다.

AI와 난임 극복?

예술 감상 패러다임의 전환

인공지능 기술의 발전은 예술 감상의 방식과 경험을 근본적으로 바꾸고 있다. 과거의 예술 감상이 미술관이나 전시회에서 작품을 단순히 '보는 것'에 머물렀다면, 이제는 AI의 도움으로 관객이 작품과 적극적으로 상호작용하고, 개인 맞춤형 해설을 들으며, 예술적 경험을 더욱 깊고 풍부하게 누릴 수 있다(Charr, 2024).

관람객이 스마트폰이나 전시장의 디지털 기기를 통해 QR 코드를 스캔하면, AI가 작품의 역사적 배경, 작가의 의도, 사용된 기법, 작품이 담고 있는 상징과 의미 등을 쉽고 친절하게 설명해 준다(Locatify.com, 2024). 이처럼 인공지능 기반의 도슨트 서비스는 이제 전통적인 오디오 가이드나 텍스트 중심의 작품 설명을 넘어, 보다 몰입감 있고 맞춤화된 관람 경험을 제공하고 있다.

AI는 관객의 연령, 관심사, 감상 시간에 맞춰 설명의 깊이와 어휘를 조절할 수 있다. 어린이에게는 동화처럼 설명을 들려주고, 미술 전공자에게는 전문적인 해설을 제공하는 식이다. 또한 AI는 관람객의 표정, 시선, 감정 반응을 실시간으로 분석해, 감상자가 어떤 부분에서 감동을 받았는지, 궁금해 하는 점이 무엇인지 파악하고, 그에 맞는 추가 정보나 관련 작품을 추천해 준다(Locatify.com,

2024). 이러한 몰입형 감상 경험은 관객이 작품과 더 깊이 교감하도록 돕고, 예술 감상을 단순한 '관람'에서 '참여'와 '대화'의 경험으로 확장한다.

AI는 예술가와 관객 사이의 소통 방식을 혁신적으로 변화시키고 있다. AI 에이전트(Agent)는 관객의 질문에 실시간으로 답변할 수 있으며, "이 작품은 왜 이런 색상을 사용했나요?", "이 장면의 배경은 무엇인가요?" 같은 질문에 대해 작가의 인터뷰, 예술사적 맥락, 관련 이미지 등을 종합해 설명해 준다. 작가 역시 AI를 활용해 자신의 작업 과정을 기록하고, 관객과 직접 소통하는 인터랙티브 전시(Interactive Exhibition)를 기획할 수 있다(Singulart, 2025). 일부 전시회에서는 AI가 관객의 피드백을 실시간으로 수집해, 전시의 흐름이나 해설 내용을 즉각적으로 조정하기도 한다. 이처럼 AI는 예술가와 관객 사이의 벽을 허물고, 쌍방향 소통과 창의적 협업의 장을 넓혀 주고 있다.

AI의 도입은 예술 감상의 문턱을 크게 낮추고 있다. 전통적으로 예술 감상은 미술관이나 갤러리 혹은 예술적 배경지식이 있는 사람들에게만 익숙한 경험이었다. 하지만 이제 AI는 누구나 쉽게 작품에 접근하고, 자신의 수준과 관심에 맞는 해설을 받을 수 있게 해 준다

(Artezaar.com, 2025). 시각 장애인을 위한 음성 해설, 외국인을 위한 자동 번역, 어린이를 위한 맞춤형 이야기 해설 등 다양한 서비스가 AI를 통해 제공되고 있다. 또한, 온라인 전시와 가상현실(Virtual Reality, VR) 기술이 결합된 AI 갤러리는 시간과 장소의 제약 없이 전 세계 어디서나 예술 작품을 감상할 수 있게 한다. 이로써 예술은 특정 계층이나 지역에 국한되지 않고, 모두에게 열린 문화로 정착해 가고 있다.

AI 도슨트: 감상 경험의 개인화

도슨트는 미술관이나 박물관, 역사 유적지에서 관람객에게 전시물과 작품을 설명하고 안내하는 사람이다. 최근에는 이 역할을 수행하는 AI 도슨트가 등장해 감상 방식에도 변화가 일고 있다.

지금 세계의 유명 미술관과 박물관에서는 AI 도슨트가 인공지능 해설가로 급부상하며 예술 감상의 새로운 표준으로 자리 잡아 가고 있다. 프랑스 루브르 박물관을 방문한 관람객들은 〈모나리자〉 같은 대표 작품 옆에 설치된 QR 코드를 스마트폰으로 스캔해 AI 챗봇과 대화할 수 있다. AI 도슨트는 단순히 작품 정보를 전달하는 것을 넘어, 관람객의 질문에 실시간으로 맞춤형 답변을 제공하고, 다양한 언어로 해설을 지원한다.

이러한 변화는 뉴욕 현대미술관(MoMA), 메트로폴리탄 미술관(The Met) 등 세계 주요 미술관에서도 빠르게 확산되고 있다(Locatify.com, 2024). AI 도슨트는 관람객의 연령, 언어, 관심사에 따라 해설의 깊이와 내용을 조정하며, 시각 · 청각 장애인을 위한 서비스와 다국어 번역 등 접근성도 크게 높이고 있다. 실제로 뉴욕 현대미술관에서는 AI가 관람객의 반응을 실시간으로 분석해, 작품 해설의 방식과 내용을 유연하게 바꿔 주기도 한다. AI는 이제 예술 작품의 안내자일 뿐 아니라 관람객과 예술의 소통까지 맡고 있다.

국내에서도 AI 도슨트의 도입이 활발히 이뤄지고 있다. 이화여자대학교 박물관은 국내 최초로 'AI 휴먼 도슨트' 서비스를 선보였는데, 실제 인물의 목소리와 표정, 동작을 딥 러닝으로 학습한 AI 아바타가 온라인 상설전에서 유물 150여 점을 한국어와 영어로 안내한다. 관람객은 버튼 하나만 누르면 AI 휴먼 도슨트의 설명을 들을 수 있다. 앞으로 더 많은 언어와 오프라인 전시로 서비스가 확대될 예정이다. 또한 서울 갤러리 BK에서는 AI 음성 복제(Voice Cloning) 기술을 활용해 전시 작품 해설을 AI 음성으로 제공하고 있다(오연재 · 김응곤, 2025).

이처럼 AI 도슨트는 미술관과 박물관에서 관람객 개개인에게 맞춤형 해설과 상호작용을 제공하며, 예술 감상의 접근성과 깊이를 한층 높이고 있다. 예술 감상의 패러다임이 바뀌고 있는 지금, AI 도슨트는 예술과 관람객을 더욱 가깝게 이어주는 가교 역할을 하며, 미래 미술관의 새로운 표준으로 자리매김하고 있다.

스마트폰 안의 미술관

소셜 미디어와 연동된 예술 감상은 이제 현대인의 일상 속에 자연스럽게 스며들고 있다. 미술관을 찾은 관람객들은 작품 앞에서 스마트폰을 꺼내 사진을 찍고, 인스타그램이나 페이스북에 해시태그와 함께 자신의 감상평을 올린다. 예전에는 전시장에서의 경험이 그곳에서 끝났지만, 이제는 온라인 공간에서 그 여운이 이어진다.

내가 찍은 한 장의 사진, 짧은 감상 한 줄이 다른 이들에게 전시를 알리고, 또 누군가의 방문을 이끌기도 한다. 미술관과 박물관 역시 소셜 미디어를 적극적으로 활용한다. 공식 계정에서는 전시 소식뿐 아니라, 작가와의 대화, 온라인 이벤트, 실시간 공연 중계 등 다양한 콘텐츠를 제공하며 관객과의 소통을 넓혀 간다(Li, 2025). 오프라인 방문이 어려운 이들도 소셜 미디어 플랫폼을 통해 전시를 간접 경험하고, 댓글이나 메시지로 자신의 생각을 나눌 수 있다.

해외 미술관과 협업해 디지털 프로젝트를 펼치고, 소셜 미디어를 통해 전 세계 예술 팬들과 실시간으로 소통하는 모습도 더 이상 낯설지 않다. 소셜 미디어는 미술관이 관객의 반응을 즉각적으로 파악하고, 전시 기획에 반영할 수 있게 해 준다. 관람객의 댓글 공유는 단순한 온라인 흔적을 넘어, 미술관과 관객이 함께 만들어 가는 예술의 새로운 흐름이 된다. 네덜란드의 라익스 국립미술관(Rijksmuseum)처럼 소장 작품 이미지를 고해상도로 무료 공개해 누구나 자유롭게 활용할 수 있도록 하는 시도는 예술이 소셜 미디어를 타고 더욱 자유롭게 확산되는 길을 열어 준다.

이처럼 스마트폰 안의 소셜 미디어와 예술 감상의 만남은 예술의 경계를 허물고, 관객이 예술을 더욱 능동적으로 경험할 수 있도록 한다. 온라인과 오프라인이 연결된 이 새로운 감상 방식 속에서, 예술은 우리 모두의 일상으로 가까이 다가오고 있다.

디지털 트윈과 손잡은 문화 예술

디지털 트윈 기반의 예술 감상은 예술과 기술이 만나는

가장 혁신적인 접점이다(Shalwa, 2024). 현실의 미술관과 박물관, 그리고 예술 작품을 3D 가상공간에 정밀하게 복제하는 이 기술 덕분에, 우리는 시간과 장소의 제약 없이 언제 어디서나 예술을 더욱 몰입감 있게 체험할 수 있게 되었다.

디지털 트윈은 공장 설비를 실시간으로 모니터링하고 고장을 예측하는 산업 현장과, 도시의 구조와 인프라를 가상공간에 구현해 도시 계획에 활용하는 도시 설계 영역, 그리고 복잡한 구조물을 시뮬레이션하고 설계하는 엔지니어링 기술 기반에서 발전해, 이제 문화 예술 영역까지 확장되고 있다. 예술 감상의 방식과 전시 환경에도 다음과 같은 다양한 변화들이 나타나고 있다.

첫째, 관람객은 어디에 있든 실제 전시장과 똑같은 공간을 온라인에서 자유롭게 이동하며 작품을 360도로 감상할 수 있다. 예를 들어, 백남준 아트센터와 KT가 협력한 '굿모닝 미스터 오웰(Good Morning, Mr. Orwell)' 40주년 특별전에서는 실제 전시장의 주요 소장품을 초실감형 3D 콘텐츠로 구현해, 온라인에서도 마치 현장에 있는 듯한 경험을 제공한다. 관람객은 확장현실(Extended Reality, XR) 기기나 PC, 모바일을 이용해 작품의 질감과 재질까지 세밀하게 감상할 수 있고, 클라우드 스트리밍

(Cloud Streaming) 기반의 AI 해설을 통해 저사양 기기에서도 원활하게 전시를 즐길 수 있다.

둘째, 디지털 트윈은 미술의 새로운 매체이자 전시 공간으로 작동한다. 예술가와 기획자, 그리고 관람객이 함께 실시간으로 콘텐츠를 생산하고 재구성할 수 있는 유연성이 생긴 것이다. 전통적인 화이트 큐브나 공공 미술의 경계가 흐려지고, 가상공간에서 도시 전체, 건축물 내부, 거리 등 다양한 요소들이 새로운 전시장이 된다. 디지털 트윈은 미술 작품의 창작, 설치, 감상 방식을 다변화시키며, 공공 미술과 도시 미학의 미래를 새롭게 그려낸다.

셋째, 디지털 트윈은 현실의 문화유산을 3D 가상공간에 정밀하게 재현하고, 이를 통해 재해 대응 및 복원 시뮬레이션, 실시간 모니터링까지 가능하게 한다. 문화재청은 AI를 활용한 맞춤형 문화재 안내 서비스, 디지털 아카이브(Digital Archive), 3D 정보 구축 등 문화유산의 보존과 예술의 대중화를 위해 디지털 트윈 기술을 활용하고 있다(국토교통부, 2023).

이처럼 디지털 트윈은 단순한 기술적 도구를 넘어, 예술의 창작, 전시, 감상, 보존 방식을 근본적으로 변화시키는 핵심 기술로 자리 잡고 있다. 나아가 현실과 가상의 경계를 허물며, 시간과 공간의 제약 없이 예술을 경험할 수 있는 새로운 환경을 제공한다. 관람객은 가상공간에서도 실제 전시장을 탐색하듯 자유롭게 이동하고 작품을 다각도로 감상할 수 있으며, 예술가는 새로운 형태의 전시 공간과 표현 방식을 실험할 수 있게 되었다. 결국 디지털 트윈과 결합된 문화 예술은 기술과 예술이 만나는 새로운 접점을 형성하며, 미래의 예술 생태계에 실질적인 변화와 확장을 가져오고 있다.

참고문헌

국토교통부(2023.5.26). 저용량 클라우드 기반의 3차원 문화재 공간정보 기술. 국토교통과학기술진흥원, https://www.kaia.re.kr/portal/landmark/readTskView.do?menuNo=200060&tskId=158949&yearCnt=1

오연재·김응곤(2025). 생성형 AI 기반 멀티모달 시스템을 활용한 지능형 미술 전시 안내: 예술 감상의 패러다임 전환. ≪한국전자통신학회 논문지≫, 20(2), 337-346쪽, https://www.kci.go.kr/kciportal/ci/sereArticleSearch/ciSereArtiView.kci?sereArticleSearchBean.artiId=ART003200980

API4AI Blog(2025.5.15). Top AI Trends Transforming Arts & Cultural Heritage. *LinkedIn*, https://www.linkedin.com/pulse/top-ai-trends-transforming-arts-culturalheritage-api4ai-ppfmf

Artezaar.com(2025). Art trends of 2025 - The future of creativity, https://artezaar.com/blogs/art-blog/art-trends-of-2025-

the-future-of-creativity?srsltid=AfmBOoosd1rBUyufpDNJXOsPAWH4wqxFU9Th7ACPLnInUm0t5uMugqzA

Charr, M.(2024.12.14). New ideas for museum audio tours: Trends shaping 2025. *MuseumNext,* https://www.museumnext.com/article/new-ideas-for-museum-audio-tours-trends-shaping-2025/

Li, R.(2025.5.5). 35+ AI art statistics: Key insights and trends to qatch in 2025. *MagicHour.ai,* https://magichour.ai/blog/ai-art-statistics

Locatify.com(2024). How artificial intelligence is transforming museums, https://locatify.com/how-artificial-intelligence-is-transforming-museums/

Shalwa(2024.12.2). How large is the global AI in the art market? *Artsmart.AI,* https://artsmart.AI/blog/AI-in-the-art-market-statistics/

Singulart(2025.4.15). Top 10 art trends in 2025. *Singulart Magazine,* https://www.singulart.com/blog/en/2025/04/15/top-art-trends-in-2025-sfa-core/

04
AI가 큐레이팅한 예술 시스템

AI는 예술 작품의 감정, 복원, 큐레이션 전반에 걸쳐 예술 시스템의 변화를 이끌고 있다. 데이터 분석과 첨단 기술을 바탕으로 작품의 진위를 정밀하게 감정하고, 손상되거나 미완성된 작품을 복원하며, 전시 기획 방식 또한 더욱 효율적으로 바꾸고 있다. 그러나 이러한 기술 혁신 뒤에는 윤리적 과제가 남아 있다. AI와 예술이 지속 가능하고 책임 있는 방향으로 발전하기 위해서는 이에 대한 성찰이 필요한 시점이다.

AI와 사주?

예술을 감정하고 복원하는 AI

예술품 감정은 예술 시장의 신뢰를 지탱하는 핵심 요소다. 그동안 예술품 감정은 전문가의 경험과 판단에 크게 의존해 왔다. 그러나 최근 AI가 예술품 감정에 도입되면서 데이터 분석과 이미지 인식 기술을 기반으로 예술품의 진위를 신속하고 정확하게 평가할 수 있는 도구들이 생겨나고 있다. 특히 딥 러닝 기반 이미지 분석 기술은 미세한 붓 터치의 질감, 색상 구사, 그림의 레이어 구조까지 정밀하게 분석해 위조 여부를 판별하는 데 활용된다(Cetinic & She, 2021).

2019년, 미국 MIT 미디어랩(Massachusetts Institute of Technology Media Lab)은 AI 기술을 적용해 고해상도 디지털 이미지에서 위조의 흔적을 찾아내는 시스템을 개발했다. 이 시스템은 기존 데이터베이스에 등록된 수천 점의 작품과 비교 분석을 통해, 작가 고유의 스타일과 일치 여부를 수치화해 판단한다. 예를 들어, 특정 작가의 붓끝이 화면에서 이탈하는 방식이나 특정 색의 사용 빈도같이 인간이 놓치기 쉬운 미세한 차이를 기반으로 위조 가능성을 포착했다(MIT Media Lab, 2019).

프랑스 루브르 박물관에서는 복원 중인 예술품의 원형을 추정하는 데 AI가 활용되기도 했다. 원작자가 남긴

초기 드로잉과 유사한 작품의 스타일을 비교 분석함으로써, 복원 시 참고할 수 있는 예측 이미지와 색상 조합을 제시한 것이다. 이는 복원 과정의 객관성을 높이고, 예술품의 역사적 정체성을 지키는 데 중요한 역할을 한다(Cetinic & She, 2021).

최근에는 AI 기반 이미지 복원 및 색상 추정 기술이 더욱 발전하고 있다. 예를 들어, 구글과 빈 벨베데레 박물관(Belvedere Museum)이 공동 추진한 '클림트 색상 수수께끼 프로젝트(The Klimt Color Enigma Project)'는 AI가 고해상도 스캔 이미지와 작가의 기존 화풍 데이터를 분석해, 소실된 클림트의 명작을 원본에 가깝게 복원하는 데 성공했다. AI는 남아 있는 흑백 사진으로 작품의 색상, 질감, 구성을 추론해 실제와 유사한 컬러 이미지를 생성했으며, 이는 예술 복원의 새로운 기준을 제시했다. 또한 네덜란드 라익스 국립미술관은 머신 러닝과 이미지 인페인팅(Inpainting) 기술을 활용해 렘브란트의 〈야경(The Night Watch)〉 등 손상된 명화를 복원하는 데 성공했다. AI는 원본의 고해상도 스캔과 복사본을 비교 분석해, 화가의 화풍과 색상 패턴을 학습하고, 손상된 부분을 픽셀 단위로 복원했다(조행만, 2021). 이러한 기술은 미술사학자와 복원 전문가가 수작업으로 진행하던 복원 과정을 자동화하고, 복원의 정확성과 객관성을 높이는 데 기여하고 있다.

AI의 예술품 감정 및 복원 기술은 앞으로 더욱 정교해질 것이다. 이미 AI는 미술품의 진위 감정, 손상 복원, 색상 추정, 화풍 분석 등 다양한 분야에서 전문가의 영역을 보완하고 있으며, 예술 시장과 문화유산 보존의 신뢰성을 한층 높이고 있다.

데이터 기반의 AI 큐레이션

큐레이션은 원래 미술관이나 박물관에서 인간 큐레이터가 작품을 선별하고 전시하며, 이를 보존 · 관리하는 전문적 행위를 의미했다. 라틴어 '보살피다(Curare)'에서 유래한 이 개념은, 초창기에는 예술품을 돌보고 보호하는 데 초점을 두었다. 그러나 현대에 들어 큐레이션의 의미는 크게 확장되었다. 이제 큐레이션은 단순히 예술 작품의 선택과 배치를 넘어, 다양한 정보와 콘텐츠를 수집하고 선별해 새로운 가치와 의미를 부여하는 활동 전반을 아우른다. 디지털 시대에는 방대한 정보의 홍수 속에서 양질의 자료를 골라내고, 이를 특별한 맥락과 해석으로 엮어 내는 역할로 진화했다. 특히 예술 분야에서 큐레이션은 작품의 의미와 가치를 해석하고 맥락화하는 적극적인 기획 행위로, 예술의 흐름과 트렌드를 이끄는 중요한 역할을 하고 있다. 오늘날 큐레이션은 미술관·박물관을 넘어, 다양한 분야에서 개인의 선택과 정보의 가치 창출, 그리고 문화적 의미 부여의 핵심 개념으로 자리잡고 있다.

AI는 방대한 양의 예술 데이터를 분석해 큐레이션에 새로운 차원을 더하고 있다. 과거에는 큐레이터의 감각과 경험에 의존해 테마를 설정하고 작품을 선별했다면, 이제는 AI가 데이터 기반으로 통계적 연관성과 정서적 흐름을 읽어 내 전시의 방향성을 제안한다. 이는 단순히 효율성을 높이는 데 그치지 않고, 보다 창의적이고 통합적인 전시 구성을 가능케 한다.

2022년 미국 뉴욕 현대미술관은 인공지능을 활용한 혁신적인 전시를 선보였다. 터키의 미디어 아티스트 르픽 아나돌(Refik Anadol)은 미술관이 200여 년간 수집한 13만 8,000여 점의 소장품 데이터를 AI로 학습하고 분석하는 프로젝트를 진행했다. 이 과정에서 AI는 작품의 색상 조합, 형태적 유사성, 작가 간의 영향 관계, 시대적 배경 등 다양한 메타데이터를 종합적으로 고려해, 단순한 시간순이나 장르별 배열을 넘는 새로운 서사 구조를 만들어 냈다(최지희, 2024.7.25).

르픽 아나돌이 진행한 프로젝트에서 AI는 소장품 데이터의 시각적 · 맥락적 정보를 바탕으로, 작품들 사이의 미묘한 연결성과 예술적 흐름을 시각화했다. 이를 통해 전시는 기존의 정형화된 큐레이션 방식을 넘어, 관람객에게 몰입감 있고 역동적인 예술적 경험을 제공했다(NVIDIA Korea, 2022). 실제로 관람객들은 AI가 생성한 새로운 이미지와 서사를 통해 작품들 간의 관계와 미술사의 흐름을 색다르게 체험할 수 있었다. AI는 예술 작품의 메타데이터를 분석해, 인간 큐레이터가 발견하기 어려운 새로운 연결 고리와 작품 간의 이야기 구조 및 의미의 흐름을 담은 내러티브를 제시함으로써, 현대 미술 전시의 패러다임을 확장했다(rooun, 2023).

AI는 관람객의 선호도와 행동 데이터를 분석해 맞춤형 전시 설계에도 점차 활용되고 있다. 프랑스 파리의 아틀리에 데 뤼미에르(Atelier des Lumières) 미디어 아트 센터는 2018년 개관 이후 140여 대의 프로젝터와 입체 음향 시스템을 활용해, 관람객에게 몰입형 문화 예술 경험을 제공해 왔다. 이 센터는 관람객의 이동 경로, 체류 시간, 반응 등 다양한 데이터를 수집하고, 이를 바탕으로 전시의 몰입도와 감정적 반응을 분석하는 시도를 꾸준히 이어 가고 있다. 실제로 현장 연구와 관람객 인터뷰에 따르면, 아틀리에 데 뤼미에르는 관람객의 다양한 행동 데이터를 분석해 전시 연출과 내러티브를 조정함으로써, 예술적 경험의 몰입도와 만족도를 높이고 재방문을 유도하는 데 기여했다(Bakker et al., 2023).

아틀리에 데 뤼미에르는 전통적인 미술관과 달리, 관람객의 디지털 행동 데이터와 반응을 적극적으로 전시 기획에 반영하는 실험적 접근을 통해, 예술과 기술이 융합된 새로운 전시 문화를 선도하고 있다(atelier-lumieres.com). 이러한 맞춤형 큐레이션 시스템은 온라인 가상 전시 등 디지털 환경에서도 확장 가능성이 높으며, 전 세계적으로 개인화된 예술 감상 환경을 제공하는 데 기여하고 있다.

AI 큐레이션의 윤리적 과제

AI가 예술 영역에 깊숙이 스며들면서 윤리적 문제에 대한 논의도 절실해지고 있다. 가장 중요한 쟁점 중 하나는 데이터 편향성이다. AI가 학습한 데이터가 편중되어 있을 경우, 특정 작가, 지역, 양식이 과도하게 강조되고, 반대로 다수의 소외된 예술가나 문화권은 주목받지 못하는 문제가 발생한다. 이는 전시의 다양성을 저해하고, 예술의 사회적 포용성을 훼손할 수 있다는 점에서 심각한 우려를 낳고 있다.

또한 AI가 생성한 큐레이션이 창작자의 고유한 의도를 왜곡할 수 있다는 비판도 존재한다. 예를 들어, 작가가 작품에 담은 정치적·철학적 메시지가 AI에 의해 간과되거나, 단순히 시각적 유사성만으로 연결된 전시 구성이 작가의 의도와 어긋날 수 있다. 이는 작품의 맥락적 해석과 예술적 깊이를 축소할 위험이 있다(McCormack et al., 2019).

개인정보 보호 또한 중요한 이슈로 부상하고 있다. 최근 AI를 이용해 관람객의 행동 데이터, 감정 반응, 심지어 얼굴 표정까지 수집해 전시 콘텐츠를 조정하는 기술이 개발되고 있으나, 이 과정에서 개인정보가 동의 없이 수집되거나 제3자에게 제공될 경우 심각한 인권 침해로 이어질 수 있다. AI 기반 큐레이션 시스템은 반드시 투명한 알고리즘 구조와 함께, 데이터 수집의 최소화, 비식별화 처리, 외부 기관의 감시와 검증 체계를 동반해야 한다(Floridi & Chiriatti, 2020).

끝으로 주목할 점은, AI 큐레이션은 예술의 '열린 해석 가능성'을 제한할 수 있다. 알고리즘은 '최적화된' 결과를 추구하는 특성상 다의적이고 모호한 해석을 회피하는 경향이 있으며, 이는 예술 감상의 핵심인 자유로운 해석과 상상력을 제약할 수 있다. 예술을 데이터화하는 과정에서 발생하는 '인간성의 손실'을 어떻게 극복할 것인가에 대한 질문은 기술 발전 못지않게 중요한 과제다.

이처럼 AI는 이제 예술의 주변 기술이 아니라 예술의 본질적 과정에 개입하는 새로운 주체로 부상하고 있다. 전시 기획, 작품 감정, 관람자 맞춤형 큐레이션까지, AI는 예술 생태계를 다시 설계하고 있다. 우리는 예술에 대한 접근성과 경험의 질을 모두 확장할 수 있게 되었지만, 동시에 기술의 편향성과 윤리 문제를 성찰하고 조율해 나가야 한다. 인간과 AI의 협력은 단지 효율성의 문제를 넘어 예술의 본질과 미래에 대한 근본적 질문을 던지며 새로운 문화 예술을 만들어 가고 있다.

참고문헌

조행만(2021.10.11). AI의 놀라운 복원 기술… 중세의 명화가 되살아난다, AI타임스, https://www.aitimes.com/news/articleView.html?idxno=140960

최지희(2024.7.25). MoMA도 반한 'AI의 대가' 르픽 아나돌, 북촌서 아시아 첫 개인전. ≪한국경제≫, https://www.hankyung.com/article/202407259208i

NVIDIA KOREA(2022.11.29). 뉴욕 현대미술관의 설치 미술이 보여 준 'AI 예술의 돌파구'. Blog NVIDIA,

https://blogs.nvidia.co.kr/blog/moma-ai-art/

roooun(2023.6.13). 뉴욕 현대 미술관 AI 예술전. artmosphere. Artnet.tistory, https://artnet.tistory.com/entry/%EB%89%B4%EC%9A%95-%ED%98%84%EB%8C%80-%EB%AF%B8%EC%88%A0%EA%B4%80-AI-%EC%98%88%EC%88%A0

Atelier des Lumières. Digital & immersive art center in Paris, https://www.atelier-lumieres.com/en

Bakker, M.-K. et al.(2023). Can immersive digital art bring visitors to museums? The case of l'Atelier des Lumières and the decor experience, *EventsAir,* https://airdrive.eventsair.com/eventsairwesteuprod/production-leading-public/9b58792f85cb403697eeeb817c32388a

Cetinic, E. & She, J.(2021.2.18). Understanding and creating art with AI: Review and outlook. *ArXiv,* https://arxiv.org/abs/2102.09109

Floridi, L. & Chiriatti, M.(2020.12). GPT-3: Its nature, scope, limits, and consequences. *Minds and machines,* 30(2), pp.1-14, https://www.researchgate.net/publication/346490743_GPT-3_Its_Nature_Scope_Limits_and_Consequences

McCormack, J., et al.(2019.3.6). Autonomy, authenticity, authorship and intention in computer generated art. *ArXiv,* https://arxiv.org/abs/1903.02166

MIT Media Lab(2019). About the lab. Imagine what we can become, https://www.media.mit.edu/about/overview/

05
AI로 엮어 낸 문학

문학은 인간의 감정과 상상력, 창의성을 언어로 구현한 인간의 고유한 예술 형식이다. 오늘날 AI는 이야기와 서사를 생성하며 문학 창작의 동반자로 등장하고 있다. 이제 인간과 AI가 함께 글을 쓰는 시대에 어떤 질문을 던지고 어떤 프롬프트를 입력하느냐가 창작의 방향을 결정짓는다. 그 바탕에는 여전히 깊이 있는 독서와 언어에 대한 감수성, 상상력이라는 인간 고유의 역량이 자리하고 있다.

AI와 아이돌?

AI 시대의 문학 창작

생성형 인공지능과 대규모 언어 모델은 방대한 문학 데이터를 학습해 다양한 문체와 표현 방식을 습득하고, 이를 바탕으로 창의적인 텍스트를 생성한다. 챗GPT 같은 언어 모델은 간단한 줄거리만으로도 짧은 소설, 시, 희곡의 초고를 만들어 낼 수 있다, 이제 작가는 기존의 창작 방식에서 벗어나 새로운 형식과 주제를 실험할 수 있게 되었다.

이러한 기술적 진보는 문학 창작의 방식에도 새로운 변화를 가져오고 있다. AI가 문학 창작에 개입하면서 전통적인 문학의 경계는 빠르게 확장되고 있다. 시, 소설, 스토리텔링 등 다양한 장르에서 인공지능은 창작 과정을 보조하고 있으며, 작가에게 새로운 영감과 아이디어의 원천으로 작용하고 있다.

오픈AI의 GPT-3가 창작에 참여한 '원 더 로드(1 the Road)' 프로젝트는 작가 로스 굿윈(Ross Goodwin)이 AI와 함께 미국 횡단 여행을 하며 수집한 인간 운전자의 이동 경로 및 주변 환경 데이터를 실시간으로 받아들이고, 이를 바탕으로 GPT-3가 즉흥적으로 텍스트를 생성하고, 인간 작가가 이를 편집해 완성한 소설이다. 이러한 실험은 AI가 단순히 인간의 보조자 역할을 넘어 독자적인 창작 주체로 자리 잡을 수 있음을 시사한다(Johnson, 2022).

영국에서는 AI가 셰익스피어의 문체와 극작법을 학습해 새로운 희곡을 창작한 프로젝트가 진행되었다. 이 프로젝트는 인공지능이 셰익스피어의 작품을 분석하고 인간 작가와 협업하여 새로운 극본을 집필하는 방식으로 진행되었다. AI는 셰익스피어 특유의 어휘와 구문, 극적 전개 방식을 모방해 대사와 장면을 창작했고, 이렇게 탄생한 희곡은 배우들에 의해 무대에 올려졌다.

2021년 8월에 공연된 이 작품은 관객과 평론가들로부터 창의적이고 신선하다는 평가를 받았다. AI가 쓴 대사와 전개는 셰익스피어의 원작과 유사한 분위기를 자아내면서도, 인간 작가의 손길을 거쳐 무대에 적합하도록 다듬어졌다. 비록 AI의 창작물이 완벽하게 인간의 감정과 깊이를 재현하지는 못했지만, 인간과 AI의 협업을 통해 충분히 공연 예술로서의 가치를 인정받을 수 있었다.

이 실험은 예술 창작의 미래에 대한 새로운 가능성을 제시한다. AI가 예술의 영역에서 인간과 상호작용하며 새로운 창작 방식을 모색할 수 있음을 보여 주었기 때문이다. 관객들은 익숙하면서도 낯선 셰익스피어풍의 대사와 장면에서 색다른 감동을 받았고, 평론가들은 AI의 창작이 인간 예술가의 상상력과 결합될 때 더욱 흥미로운 결과를 낳을 수 있음을 인정했다(BBC News, 2021).

일본에서는 2024년 아쿠타가와상 수상 작가 구단 리에(九段理恵)가 소설 《도쿄도 동정탑(東京都同情塔)》 집필 과정에서 챗GPT의 도움을 받아 일부 문장을 직접 작품에 사용했다고 밝혀, AI 활용의 범위와 한계를 둘러싼 논쟁을 촉발했다.

2023년 출간된 단편소설집 《매니페스토》에는 한국 작가 김달영과 챗GPT가 협업해 집필한 단편소설 〈텅 빈 도시〉가 수록되어 있다. 김달영 작가는 작품의 전체 서사 구조, 줄거리, 인물 설정 등을 챗GPT에 제시했고, 챗GPT는 이를 바탕으로 단계별 결과물을 생성했다. 이후 작가는 각 단계의 결과물을 취합하고 다듬어 최종 원고를 완성했다. 이 협업은 생성형 인공지능이 한국 문학 창작에 실질적으로 활용된 대표적인 사례로 평가된다(김재현, 2025).

이처럼 생성형 인공지능은 전통적 문학의 풍경 속에 조용히 들어와, 인간과 함께 이야기를 짓고, 언어를 다듬으며, 새로운 창작의 길을 열어 가고 있다. 창작은 더 이상 인간만의 고독한 행위가 아니라, 기계와 나란히 걷는 또 하나의 사유가 되어 가고 있다. AI와 함께 써 내려가는 이 낯설고도 흥미로운 문학의 여정은, 우리가 '문학'이라 불러온 것의 본질을 다시 묻게 만든다.

AI와 대화를 위한 첫걸음: 독서

독서는 AI 시대에도 여전히 문학적 창작의 핵심적인 기반으로 남아 있다. 디지털 기술이 발전하고 AI가 문학 창작에까지 관여하는 오늘날에도, 독서는 인간만이 지닌 사고력과 감수성을 길러 주는 가장 본질적인 활동으로 남아 있다. AI가 빠르게 텍스트를 생성하고 인간의 언어를 모방할 수는 있지만, 인간의 내면에서 우러나오는 복잡한 정서와 삶의 통찰은 여전히 독서를 통해 깊이 있게 축적된다(Johnson, 2022). 이러한 이유로 AI 시대의 작가들에게 더욱 필수적인 자산이 되어 가고 있는 독서의 역할을 살펴보자.

첫째, 독서는 인간의 감수성과 공감 능력을 키우는 데 필수적이다. 문학은 인간 경험의 본질을 탐구하는 예술이며, 그 과정에서 타인의 고통과 기쁨, 삶의 복잡함을 이해하고 감각하는 능력이 중요하다. 이러한 감정 이입의 능력은 단순한 정보 전달이 아닌, 텍스트와의 감성적 교감을 통해 길러진다. AI는 데이터를 분석하고 문장을 만들 수 있지만, 인간처럼 공감하거나 느끼는 능력은 갖고 있지 않다. 따라서 작가는 독서를 통해 내면의 감정을 풍부하게 다듬고, 타인의 삶을 상상하며, 문학적 상상력을 확장해야 한다. 많은 유명 작가들이 어린 시절부터 독서를 통해 문학적 감수성과 상상력을 키워온 것처럼, 독서는 문학 창작의 기본기를 다지는 데 여전히 중요한 역할을 한다.

둘째, 독서는 문학적 판단력과 비평 능력을 기르는 데에도 결정적인 역할을 한다. 독서를 통해 작가는 다양한 문체, 구성 방식, 서사 전략, 표현 기법 등을 접하고, 그것이 지닌 문학적 가치와 한계를 비판적으로 성찰할 수 있는 안목을 갖추게 된다. 오늘날 AI는 수많은 텍스트를 빠르게 생성할 수 있지만, 그것이 얼마나 문학적으로 가치 있는지를 평가하려면 여전히 인간의 비평적 판단이 필요하다. 풍부한 독서 경험이 있는 작가는 AI가 생성한 텍스트의 수준을 판단하고, 그 의미를 해석하며, 필요에 따라 새로운 문학적 구조로 재창조할 수 있다. 이는 단순한 활용을 넘어 창조적 통합의 과정으로 이어진다. AI가 제공하는 재료는 어디까지나 잠정적인 초안이며, 그것을 문학으로 완성하는 힘은 작가의 독서와 해석 능력에서 비롯된다.

셋째, 독서는 AI 창작물에 대한 이해와 창작 응용의 기반이 된다. 대규모 언어 모델은 기존 문학 텍스트를 학습해 작동하므로, 다양한 장르와 시대, 문체에 대한 폭넓은 독서 경험은 AI가 만들어 낸 문장을 평가하고 응용하는 데 필수적이다. 예를 들어, AI가 제안한 문장이 특정 시대의 문체를 모방한 것인지, 혹은 어느 작가의 스타일과 유사한지를 판단하려면, 사전에 그에 대한 독서 경험이 뒷받침되어야 한다. 이러한 맥락에서 독서는 AI를 단순히 도구로 사용하는 것이 아니라, 비판적 파트너로 다루기 위한 지적 기반으로 작용한다. 인간의 문학적 직관과 AI의 알고리즘이 만나 진정한 협력적 창작이 이뤄지려면, 독서를 통해 문학 전통과 표현 기법에 대한 이해가 선행되어야 한다.

독서를 도와주는 AI

AI와의 협업에서 프롬프트를 효과적으로 작성하는 능력은 깊은 독서 경험에서 비롯된다. 다양한 문학 작품을 읽고 분석한 경험이 풍부할수록, 작가는 AI에게 더 창의적이고 구체적인 지시를 내릴 수 있다. 이는 AI가 단순히 기계적으로 텍스트를 생성하는 것을 넘어, 인간의 의도와 문학적 감각이 반영된 결과물을 얻는 데 결정적인 역할을 한다(Brown et al., 2020). 결국, 독서는 좋은 질문을 위한 프롬프트 설계의 토대이자, AI와의 협업에서 인간이 주도권을 갖는 가장 효과적인 방법이다.

AI는 독자의 취향과 독서 이력을 분석해 맞춤형 도서를 추천하고, 텍스트 음성 변환(Text-to-Speech) 기술과 오디오북의 확산 덕분에 언제 어디서나 귀로 책을 들을 수 있게 되었다. 또한 AI는 방대한 분량의 책을 빠르게 요약하거나 실시간 번역을 제공함으로써, 다양한 언어와 주제의 책에 대한 접근성을 높이고 있다. 독자의 선택에 따라 결말이 달라지는 인터랙티브 전자책, 증강현실·가상현실을 활용한 몰입형 독서 등 책의 형태와 읽는 경험도 점점 더 다양해지고 있다.

이와 더불어, AI와의 대화를 통해 책의 주제와 인물, 문장에 대해 토론하거나 감상을 나눌 수 있는 것도 가능해졌다. 독자는 이제 더 이상 혼자 읽는 것이 아니라, AI라는 지적 동반자와 함께 책을 '이해하고 사유하는' 독서 경험을 할 수 있게 된 것이다.

이러한 변화는 독서의 접근성과 이해도를 높이는 동시에, 책을 단순한 텍스트를 넘어 멀티미디어와 상호작용이 결합된 콘텐츠로 확장하며, 독서 문화의 새로운 세계를 열고 있다.

독서는 AI와 문학 창작 과정에서 상호 보완적인 역할

을 하며, 특히 AI는 작가가 창작의 정체기를 겪을 때 이를 극복하는 데 실질적인 도움을 줄 수 있다. 창작의 막막함 속에서 AI는 새로운 문장, 예기치 못한 서사 전개, 상상력의 전환을 유도하는 자극이 될 수 있다. 작가는 이러한 결과물을 독서 경험을 통해 축적된 창작 감각으로 걸러내고, 그중 의미 있는 것을 선택해 자신의 창작 서사에 통합할 수 있다. 이는 창작을 더욱 유연하고 생산적으로 만들며, AI와의 협업을 통해 새로운 형식과 표현을 실험하는 기회가 되기도 한다(Johnson, 2022). 또한 독서의 폭이 넓은 작가는 장르를 넘나드는 실험이나 언어의 낯선 조합을 더욱 능숙하게 다룰 수 있어, AI를 창의적으로 응용하는 데 유리하다.

최근에는 AI와 협력해 만들어진 작품이 문학상 후보로 오를 수 있는지에 대한 논의도 활발히 진행되고 있다. 만약 인간 작가와 AI의 협업으로 탄생한 작품이 인간의 감정을 섬세하게 포착하고, 인류 보편의 가치를 문학적으로 구현할 수 있다면, 이는 단순한 기술 시연을 넘어 하나의 문학적 성취로 평가받을 수 있다. 실제로 향후에는 AI 단독 또는 협업 작품이 노벨문학상 같은 권위 있는 문학상 후보에 오르는 일이 현실화할 가능성도 있다. 이는 문학의 창작 주체와 정의, 문학적 진정성에 대한 철학적 성찰로 이어질 것이며, 독서와 창작의 관계를 다시 조명하는 계기가 될 수 있다.

대규모 언어 모델 같은 AI 기술이 빠르게 발전하고 있지만, 인간의 독서는 여전히 문학 창작의 뿌리이자 프롬프트 기반 AI를 깊이 이해하고 창의적으로 활용하기 위한 핵심 역량이다(Johnson, 2022).

이제 우리는 종이책을 읽는 전통적인 방식과 더불어, AI 기반의 독서 도구를 활용해 정해진 시간에 목적에 맞는 콘텐츠를 선택하고, 자신의 감성과 상황에 어울리는 방식으로 독서를 즐길 수 있는 시대를 살고 있다. 이러한 변화는 단순한 기술적 편의를 넘어, 독서를 감성적 · 지성적 성장의 기회로 확장하며, AI 시대의 창작자들이 더 능동적이고 주체적으로 협업할 수 있는 기반을 마련해 준다.

AI 문학 창작의 빛과 그림자

AI 문학 창작은 기술적 혁신을 이끌고 있는 동시에, 복잡한 윤리적 문제를 함께 안고 있다. AI가 학습하는 데이터는 대부분 기존 문학 작품과 방대한 텍스트 자료에 기반하고 있기 때문에, 생성된 텍스트가 원작자의 저작권을 침해할 가능성이 상존한다(Johnson, 2022).

또한 AI는 학습된 데이터에 포함된 사회적 편향이나 특정 이데올로기, 문화적 환경 등을 그대로 반영할 수 있다는 점에서, 창작된 결과물이 특정 문화나 가치관을 과도하게 강조하거나 소외시키는 문제가 발생할 수 있다. 예를 들어, 영어권 중심의 데이터세트를 기반으로 학습된 AI는 비서구권의 문화, 언어, 가치관을 충분히 반영하지 못해 글로벌 문학 생태계의 다양성에 위협이 될 수 있다(Bender et al., 2021). 더불어, AI는 학습 데이터에 내재된 성별, 인종, 계층 등에 대한 편견을 무비판적으로 재생산할 위험이 있으며, 이는 문학 창작의 공정성과 포용성을 저해할 수 있다.

이러한 문제의식 속에서, AI를 활용한 문학 창작은 데이터 편향성을 최소화하고 창작물의 소유권 문제를 명확히 규정하는 체계가 반드시 필요하다. 이를 위해서는 AI가 학습하는 데이터세트의 다양성과 대표성을 확보하고, 저작권 보호와 공정한 보상 체계를 마련하는 것이 중요하다. 또한 AI가 생성한 텍스트의 저작자 표시 기준을 명확히 하고, 인간 작가와 AI의 협업 과정에서 창작 기여도를 투명하게 공개하는 시스템이 필요하다. 이러한 제도적 장치는 AI와 인간 작가가 조화롭게 협력하며, 지속가능한 창작 환경을 구축하는 데 필수적인 요소로 자리 잡고 있다.

문학은 인간의 경험을 반영하고 상상력을 확장하는 예술로서, AI 시대에도 그 본질적 가치는 변하지 않을 것이다. AI가 아무리 정교하게 발전하더라도, 인간의 삶과 감정을 깊이 있게 다루는 문학의 본질은 여전히 인간의 몫이다. 따라서 AI 문학 창작의 발전을 위해서는 우려되는 윤리적 문제들을 해결해야 하며, 공정한 알고리즘 설계, 저작자 표시 기준의 정립, 그리고 창작 과정에 인간의 주체적 역할을 반영하는 윤리적 가이드라인이 반드시 필요하다(Bender et al., 2021).

더 나아가, AI가 문학 창작의 도구로 자리 잡으면서, 문학의 정의와 창작 주체에 대한 철학적 논의도 새롭게 제기되고 있다. AI가 생성한 텍스트가 인간의 감정과 경험을 얼마나 섬세하게 반영하는지, 그리고 인류 보편의 가치를 얼마나 효과적으로 구현하는지에 따라 그 문학적 성취가 달라질 수 있다. AI와 인간 작가의 협업으로 탄생한 작품이 문학상 후보에 오를 수 있는지, 혹은 AI 단독 작품이 문학적 진정성을 인정받을 수 있는지에 대한 논의는 앞으로 더욱 심화될 것이다.

AI 시대의 문학 창작은 기술적 혁신과 윤리적 성찰이 공존해야만 지속 가능한 발전이 가능하다. AI는 창작의 도구이자 협력자이지만, 인간의 감수성과 비판적 사고, 그리고 윤리적 책임이 뒷받침될 때 비로소 진정한 문학적 성취에 도달할 수 있다. 앞으로도 AI와 인간이 조화롭게 협력하며, 문학의 다양성과 포용성을 지켜 나가는 방향으로 제도와 문화가 발전해야 할 것이다.

참고문헌

김재현(2025.3.9). 인공지능은 문학 창작의 새로운 동반자가 될 수 있을까. ≪고대신문≫, https://www.kunews.ac.kr/news/articleView.html?idxno=43626

BBC News(2021.8.28). AI writes new Shakespeare play. BBC News, https://www.bbc.com/news/technology-58356716

Bender, E. M., et al.(2021.3). On the dangers of stochastic parrots: Can language models be too big?. *Proceedings of the 2021 ACM Conference on Fairness, Accountability, and Transparency*, pp.610-623, https://s10251.pcdn.co/pdf/2021-bender-parrots.pdf

Brown, T. B., et al.(2020.5.28). Language models are few-shot learners. *Advances in Neural Information Processing Systems*, 33, pp.1877-1901. *ArXiv*, https://arxiv.org/abs/2005.14165

Johnson, S.(2022.4.15). A.I. is mastering language. Should we trust what it says?. *The New York Times Magazine*, https://www.nytimes.com/2022/04/15/magazine/ai-language.html

06
AI가 기획한 공연 예술

인공지능은 공연 예술의 무대 뒤에서 창작의 새로운 장을 열고 있다. 음악, 무용, 연극 등 다양한 장르에서 AI는 작곡, 안무, 대본 작성뿐 아니라 실시간 연출과 관객 반응 분석까지 다양한 방식으로 참여한다. 공연 예술가들은 AI를 창작 파트너로 삼아 인간의 한계를 넘는 새로운 미학을 탐구하고, 관객은 더욱 몰입감 있는 공연 예술 경험을 누릴 수 있게 되었다.

AI와 야구?

AI와 무대 위의 예술

공연 예술은 작곡, 오페라, 무용, 안무, 연극, 뮤지컬 등 무대에서 실연되는 예술 장르로 예술적 표현과 창작, 감동, 사색, 사회적 메시지 등 다양한 목적을 포함한다. AI는 기술과 예술의 경계를 허물며 다양한 공연 예술 분야에서 혁신을 일으키며 단순한 도구를 넘어 창작의 주체로서 공연의 중심에 참여하고 있다. 작곡, 안무, 무대 연출, 대본 작성에 이르기까지 AI는 창의적인 협력자로 기능하며, 예술가와 관객 모두에게 새로운 예술적 경험을 제공한다. 이는 단지 기술의 적용을 넘어, 공연 예술의 본질과 창작 방식, 나아가 공연 예술의 정의 자체에 대한 근본적인 질문을 던지게 한다.

우선, 음악 분야에서는 AI가 작곡가로 활동하며 인간이 예상하지 못한 음악적 구성과 사운드를 창조하고 있다. AI 작곡 알고리즘은 방대한 음악 데이터를 학습한 후, 특정 스타일이나 감정, 테마에 따라 새로운 음악을 생성할 수 있다. 실제로 세계적인 오케스트라에서 AI가 작곡한 곡을 연주하거나, 뮤지션이 AI가 제안한 멜로디를 바탕으로 곡을 완성하는 사례들이 늘고 있다(Ariza, 2009). 이는 작곡의 패러다임을 바꾸며, 음악의 창작 주체에 대한 고정된 관념에 도전장을 내밀고 있다.

AI는 무용수의 움직임을 학습하여 새로운 안무를 생성하거나 안무가에게 창의적 영감을 제공할 수 있음을 보여 준다. 특히 AI 기반 모션 캡처(Motion Capture) 기술은 무용수의 동작을 세밀하게 분석하고 기록하는 데 큰 역할을 한다. 이러한 기술은 무용수의 연습, 피드백, 교육, 맞춤형 프로그램 등에 다양하게 활용되며, AI가 대량의 이미지와 비디오 자료를 통해 공연과 높은 연관성을 가진 인식 패턴을 형성함으로써 무용수의 위치와 동작을 더욱 정확하게 식별할 수 있게 한다. AI와 모션 캡처의 결합은 무용 예술의 창작과 교육, 실연 전반에 혁신적인 변화를 불러오고 있다(장열 · 윤미라, 2024). AI가 설계한 안무는 인간의 신체 구조에 기반을 두지 않기에, 전통적인 무용과는 다른 '비인간적이면서도 예술적인' 움직임을 가능하게 한다. 이러한 안무는 무용수에게 새로운 도전이자 창작의 영감을 제공하고, 관객에게는 이전에 경험하지 못한 독특한 시각적 감동을 선사한다.

무대 연출과 시각적 표현에서도 AI는 중요한 역할을 수행한다. 무대 배경, 조명 디자인, 영상 프로젝션(Video Projection) 등에서 AI는 데이터를 분석하고 예술적 상상력을 가미해 감각적인 시각 경험을 만들어 낸다. 예컨대 AI는 실시간으로 관객의 감정 데이터를 분석해 조명의 색상과 강도를 조절하거나, 배우의 움직임에 반응해 배경 이미지를 변화시키는 등 '살아 있는 무대'를 창조한다(Manovich, 2018). 이러한 연출은 무대 예술의 경계를 확장하고, 관객과의 감정적 연결을 더욱 섬세하게 만든다.

이처럼 AI의 공연 예술 참여는 단순한 기술의 도입이나 편의성의 추구에 그치지 않는다. 오히려 창작과 표현의 방식, 예술가와 작품의 관계, 나아가 예술의 정의 자체에 대한 근본적인 질문을 유발한다. "예술가는 누구인가?", "창작의 주체가 인간이 아니어도 되는가?", "기계가 만든 감동도 예술이라 부를 수 있는가?" 같은 질문은, 인공지능 시대에 예술이 나아가야 할 방향을 숙고하게 한다(Galanter, 2003).

AI는 예술가의 상상력을 확장하고, 인간이 접근하지 못한 창작의 영역을 탐험하게 한다. 그러나 동시에 인간의 감성과 해석력, 사회적 맥락 안에서의 의미 부여 등 인간 고유의 예술적 능력과는 다른 특성을 가진다. 결국 AI와 인간의 협업은 예술이 기술의 시대에 어떻게 생명력을 유지하고, 변화하며, 성장할 수 있는지를 실험하는 무대가 된다(Colton et al., 2009).

공연 예술과 AI의 만남은 이제 막 그 여정을 시작했을

뿐이다. 앞으로의 무대는 더욱 예측 불가능하고, 다층적인 이야기와 감각을 품게 될 것이다. 이는 예술이 기술과 함께 진화하며, 여전히 인간의 삶과 감정을 깊이 있게 비추는 힘을 지닌다는 사실을 증명해 줄 것이다.

AI와 음악의 하모니

AI는 음악 작곡 분야에서 가장 활발히 활용되고 있는 영역 중 하나다. AI는 방대한 음악 데이터를 학습해 새로운 곡을 창작하거나, 특정 작곡가의 스타일을 모방해 새로운 형태의 음악을 제안할 수 있다. 예를 들어, 오픈AI의 뮤즈넷(MuseNet)은 클래식부터 재즈, 팝까지 다양한 장르를 넘나드는 작곡이 가능한 AI 모델로, 예술가들에게 새로운 창작의 가능성을 제시하고 있다(OpenAI, 2019).

프랑스 과학자이자 작곡가인 프랑수아 파셰(François Pachet)가 개발한 AI 작곡 프로그램 플로 머신스(Flow Machines)는 〈대디스 카(Daddy's Car)〉 같은 비틀즈 스타일의 노래를 비롯해 다양한 음악을 선보이며 AI 작곡 시대의 서막을 알렸다(Tickle, 2016).

한국에서는 카카오브레인의 코GPT(KoGPT)를 활용한 AI 작곡 프로젝트가 국악과 현대 음악을 결합해 전통과 기술의 융합을 시도하고 있으며, 이는 문화 유산의 보존과 재창조에도 기여하고 있다(Baek, 2021). 또한, 광주과학기술원(GIST)의 안창욱 교수가 개발한 이봄(EvoM)은 한국형 AI 작곡가로 주목받고 있다. 이봄은 한국 대중음악의 정서와 장르 특성에 맞춘 진화연산 기반 작곡 모델로, 트로트, 팝, 발라드는 물론 광고 음악, 로고송까지 다양한 실용음악 분야에서 사용되고 있다. 현재 이봄은 음악 크리에이터와 협업해 인간 작곡가와 AI의 창의적 협업 가능성을 실험하고 있다(Oh, 2024).

음악 공연에서는 AI가 연주자와 협연하거나, 실시간으로 관객의 반응을 분석해 음악의 흐름을 조정하는 시도도 이뤄지고 있다. 예컨대 미국 MIT 미디어랩은 관객의 생체 신호와 표정을 분석해 음악의 속도, 강약, 조성을 실시간으로 변화시키는 프로젝트를 통해, 공연 예술의 인터랙티브한 특성을 극대화하고 있다(Cherep, 2023). 이러한 공연은 관객을 단순한 수용자가 아닌, 예술 창작의 일부로 끌어들이며 새로운 예술 감상의 지평을 연다.

AI는 이제 오페라 무대에서도 실험적인 도전으로 이어지고 있다. 대표적인 사례로는 네덜란드 국립오페라가 2016년 선보인 〈모튼 F의 환생(The Transmigration of Morton F.)〉이 있다. 이 작품은 미국 작곡가 모튼 펠

드먼(Morton Feldman)의 삶과 작품을 모티브로 해, AI가 기존 음악 데이터를 분석하고 새로운 패턴을 생성해 무대 위 라이브 퍼포먼스로 구현한 실험적 오페라다(Wijnberg, 2016). 공연 중 AI는 실시간으로 음악 구성과 음향 조절, 배경 이미지의 전환까지 담당하며, 마치 또 다른 예술가처럼 오케스트라와 협업했다.

이 오페라에서는 AI가 단순히 기술을 제공하는 조력자가 아닌, 스토리텔링을 재해석하는 존재로 기능했다. 감정의 흐름에 따라 음악의 전개를 유연하게 바꾸는 구성은 기존 오페라의 구조적 고정성을 넘어서는 시도였다. 이러한 형태의 AI 오페라는 앞으로의 창작 오페라에서 서사 구조, 음악 구성, 무대 디자인까지 통합적으로 변화시킬 수 있는 잠재력을 보여 준다.

AI와 춤추는 무대

무용과 안무 분야에서도 AI 활용은 점차 확장되고 있다. 이제 AI는 단순한 보조 기술을 넘어, 예술 창작의 파트너로서 인간과 함께 무대에 오르고 있다. AI는 무용수의 수많은 동작 데이터를 학습한 뒤, 이를 바탕으로 새로운 안무를 제안하거나, 공연 중 실시간으로 무용수의 움직임에 반응하며 역동적인 무대를 구성한다. 이와 같은 기술의 진화는 무용 예술의 표현 방식에 새로운 가능성을 열고 있다.

대표적인 사례로, 영국의 안무가 웨인 맥그리거(Wayne McGregor)는 구글 아트 앤드 컬처(Google Arts & Culture)와 협업해 '리빙 아카이브(Living Archive)'라는 실험적인 프로젝트를 선보였다. 이 작품은 맥그리거가 25년간 창작한 안무 데이터를 AI가 학습한 뒤, 새로운 안무를 생성하고 인간 무용수가 이를 해석해 공연하는 방식으로 진행되었다. AI는 수십만 개에 이르는 동작 패턴을 분석해 무용수에게 참신한 시퀀스를 제안하며, 인간의 해석과 감정을 만나 예술적 완성도를 높였다. 이 무대는 단순한 기술의 구현이 아닌, 인간과 기계가 함께 만들어 낸 새로운 예술의 장이었다(Olbrich, 2019).

이처럼 AI는 무용수의 움직임을 단순히 흉내 내는 수준을 넘어, 예술적 긴장과 해석의 여지를 더하는 창작의 주체로 변모하고 있다. 감각과 기술이 만나는 그 경계에서, 우리는 예술의 미래와 기술의 역할에 대해 새롭게 사유하게 된다. 무용과 안무가 오롯이 인간만의 예술이라고 여겨졌던 시대는 지나가고 있다. 이제는 기계와 인간이 함께 호흡하며, 우리가 경험하지 못했던 예술의 지평을 열어 가고 있다.

AI와 연극 무대

AI가 연극 무대에 오르고 있다. 대본을 쓰고, 연출을 보조하며, 심지어 관객의 반응에 따라 공연을 실시간으로 바꾸는 존재로서, AI는 이제 단순한 기술을 넘어 연극 예술의 새로운 창작 주체로 떠오르고 있다. 이는 예술과 기술이 만나는 접점에서 연극이 얼마나 깊이 변화하고 있는지를 보여 주는 상징적 장면이다.

대표적인 사례는 2021년 체코 프라하에서 상연된 연극 〈인공지능: 로봇이 연극을 쓸 때(AI: When a Robot Writes a Play)〉다. 이 작품은 GPT-2 기반 언어 모델을 활용하는 연극용 인공지능 로봇 '더ai로봇(THEaiTRobot)'을 통해, 대본의 90% 이상을 AI가 자동으로 작성한 것으로 알려져 있다. 인간 배우는 이 AI 대본을 바탕으로 연기하며, 인간과 기계가 협업해 무대를 구성하는 전례 없는 시도를 선보였다(Rosa et al., 2020). 기계가 창작한 언어에 인간이 해석과 감정을 더한 이 무대는 연극이 반드시 인간의 언어만으로 쓰이지 않아도 된다는 새로운 가능성을 보여 주었다.

AI 연극이 열어 가는 세계는 단순한 흥미를 넘어 창작의 본질에 대한 깊은 질문을 제기한다. AI는 예술가에게 새로운 영감을 주고, 예술의 표현 방식을 넓히는 가능성을 품고 있다. 특히 관객과의 실시간 상호작용을 통해 몰입감 높은 경험을 제공하며, 연극의 사회적 · 철학적 의미마저 재정의하고 있다.

하지만 동시에 윤리적 고민도 동반된다. AI가 창작한 대본의 저작권 문제, 기술 의존이 인간의 창의성을 약화할 수 있다는 우려, 그리고 알고리즘 편향성 같은 문제는 앞으로 풀어야 할 과제다. AI가 연극에서 진정한 협업자로 자리 잡기 위해서는 예술계와 기술계가 함께 고민하고 대응해 나가야 할 것이다. AI 기반의 연극은 인간의 상상력과 기계의 계산이 만나는 새로운 무대다. 우리는 지금, 연극의 역사에서 새로운 막이 오르는 순간을 마주하고 있다.

참고문헌

장열·윤미라(2024). 인공지능(AI) 기술을 적용한 중국 무용예술 공연의 소비자 행동 연구: 확장된 통합기술 수용 이론(UTAUT2)을 중심으로. 《디지털콘텐츠학회논문지》, 25, 1105-1117쪽, https://www.kci.go.kr/kciportal/ci/sereArticleSearch/ciSereArtiView.kci?sereArticleSearchBean.artiId=ART003082606

Ariza, C.(2009.6). The interrogator as critic: The Turing test and the evaluation of generative music systems. *Computer Music Journal*, 33(2), pp.48-70.

Cherep, M., et al.(2023.10.19). Organology: Real-Time biometrics x sound synthesis. *MIT Media Lab, Opera of the future,* https://www.media.mit.edu/projects/organology/overview/

Colton, S., et al.(2009.9). Computational creativity: Coming of age. *AI Magazine*, 30(3), pp.11-14, https://www.researchgate.net/publication/220605245_Computational_Creativity_Coming_of_Age

Galanter, P.(2003.1). What is generative art? Complexity theory as a context for art theory. 6th Generative Art Conference, https://www.philipgalanter.com/downloads/ga2003_paper.pdf

Manovich, L.(2018). *AI aesthetics*. Strelka Press, https://monoskop.org/images/6/66/Manovich_Lev_AI_Aesthetics_2018.pdf

Oh, H. S.(2024). Is AI music beautiful? A study of the AI composition model EVOM. *International review of the aesthetics & sociology of music, 55*(1), 139-158쪽. https://openurl.ebsco.com/EPDB%3Agcd%3A6%3A28997430/detailv2?sid=ebsco%3Aplink%3Acrawler&id=ebsco%3Adoi%3A10.21857%2Fy54jof4drm&link_origin=www.google.com

Olbrich, S.(2019.7). Living archive: Creating choreography with artificial intelligence. Google Arts & Culture, https://artsandculture.google.com/story/living-archive-creating-choreography-with-artificial-intelligence-studio-wayne-mcgregor/1AUBpanMqZxTiQ

OpenAI(2019.4.25). MuseNet, https://openAI.com/blog/musenet/

Rosa, R., et al.(2020.6.25). THEaiTRE: Artificial intelligence to write a theatre play. *ArXiv,* https://arxiv.org/abs/2006.14668

Tickle, G.(2016.9.22). Daddy's Car, A song composed by artificial intelligence created to sound like The Beatles. *Laughing Squid,* https://www.flow-machines.com/history/press/daddys-car-song-composed-artificial-intelligence-created-sound-like-beatles/

Wijnberg, K.(2016). The transmigration of Morton F. A digital opera. Holland Festival(2016), https://klaaswijnberg.nl/the-transmigration-of-morton-f-holland-festival-2016

Baek, W., et al.(2021.11.12). KakaoBrain project KoGPT(Korean Generative Pre-trained Transformer). *Github,* https://github.com/kakaobrAIn/kogpt

07
AI가 지은 건축 예술

건축은 인간의 삶을 담고, 도시와 자연이 조화를 이루는 공간을 창조하는 종합 예술이다. 건축가는 정서, 문화, 기능, 사회적 메시지를 공간에 담아 시대정신을 표현한다. 오늘날 AI는 정밀한 계산과 창의적 제안을 통해 건축에 새로운 설계를 가능케 한다. AI는 더 정교하고 실험적인 건축을 실현하며, 건축의 패러다임을 확장하고 있다. 지속 가능한 미래를 향해, AI는 예술성과 기술을 아우르는 건축의 진화를 이끌고 있다.

AI와 운동주?

AI와 건축 설계

AI는 이제 건축의 세계에서도 조용하지만 깊은 혁신을 일으키고 있다. 과거 건축 설계는 경험 많은 전문가의 직관과 축적된 지식에 의존하는 경우가 많았다. 그러나 AI는 수많은 데이터를 기반으로 복잡한 조건을 분석하고, 이를 토대로 인간이 쉽게 도달하기 어려운 수준의 최적 설계를 도출하며, 건축 설계 과정 전반을 새롭게 재편하고 있다.

특히 설계 초기 단계에서 AI의 활용은 눈에 띄게 늘고 있다. 2021년 미국의 소프트웨어 기업 오토데스크(Autodesk)가 개발한 '생성형 디자인(Generative Design)' 시스템이 대표적인 예다. 이 기술은 설계자가 입력한 다양한 조건과 제약 사항을 바탕으로 수천 가지 설계 옵션을 자동으로 생성한다. 이후 사용자는 시뮬레이션 결과를 분석해 공간 효율성, 구조적 안정성, 비용 등의 측면에서 가장 적합한 설계를 선택할 수 있다. 복잡한 건축 구조를 빠르게 탐색하고 시뮬레이션할 수 있는 이 시스템은 설계자의 의사 결정 속도와 정확도를 획기적으로 향상하며, 창의적 탐색의 지평을 넓혀 주고 있다(Autodesk.com).

AI는 단지 설계 도구로서만 기능하지 않는다. 영국의 세계적인 건축 사무소 자하 하디드 아키텍츠(Zaha

Hadid Architects)는 AI를 활용해 건축물 내부의 동선, 채광, 환기 등의 요소를 정밀하게 분석하고 있다. 이를 통해 단지 기능적 요소뿐만 아니라 미적 감각까지 조화롭게 통합한 설계가 가능해졌다. 반복적이고 계산 집약적인 작업을 AI가 맡음으로써, 인간 설계자는 더욱 창의적이고 예술적인 영역에 집중할 수 있는 환경을 확보하게 되었다(Bell, 2024).

이러한 흐름은 국내 건축 현장에서도 감지된다. 한국토지주택공사(LH)는 AI 기반 공간 분석 시스템을 도입해 공공 주택 단지의 공간 활용도를 높이고 있다. 이 시스템은 주민들의 생활 패턴과 환경적 요소를 분석해 설계에 반영함으로써, 단순한 비용 절감을 넘어 실제 거주자의 만족도 향상이라는 사회적 가치를 함께 창출하고 있다(백지연, 2025).

이처럼 AI는 건축 설계에서 단순한 보조 도구를 넘어 인간 설계자와 협력하는 창의적 파트너로 자리매김하고 있다. AI는 정량적 분석과 자동화를 통해 설계의 효율성과 안정성을 높이는 동시에, 인간이 더 깊이 있고 유연한 창작 활동에 몰입할 수 있도록 지원한다. 건축은 이제 기술의 도움을 받아 단순히 공간을 짓는 일을 넘어, 환경과 삶을 총체적으로 설계하는 예술로 나아가고 있다.

AI 건축, 에너지 설계에서 재난 대응까지

AI는 건축 설계의 성능을 예측하고 개선하는 데 중추적인 역할을 하고 있다. 특히 에너지 효율성 평가와 재난 대응 시뮬레이션은 지속 가능한 건축을 위한 핵심 수단으로 자리 잡았다. 기존의 설계는 경험과 직관에 의존하는 경우가 많았지만, AI는 복잡한 변수들을 수치화해 정량적으로 분석하고, 그 결과를 바탕으로 설계를 최적화할 수 있도록 돕는다.

대표적인 사례로, 미국 MIT의 센서블 시티 랩(Senseable City Lab)은 도시 전체의 에너지 소비를 AI 기반으로 분석하고, 건물 배치와 창문 위치 같은 미세 설계 요소가 에너지 사용에 미치는 영향을 예측하는 시스템을 개발했다(Wolff, 2022). 이러한 기술은 도시 설계 수준에서 에너지 낭비를 최소화하고, 장기적인 에너지 관리 전략을 가능하게 한다.

국내에서도 이러한 흐름은 활발히 진행되고 있다. 한국건설기술연구원(KICT)은 태양광, 바람, 열 손실 등의 다양한 환경 요소를 고려한 시뮬레이션 기반 설계 기술을 개발하고 있으며, 이는 탄소 배출 저감과 환경 영향 최소화를 실현하는 데 핵심적 역할을 하고 있다(한국건설기술연구원 KICT 소개). AI는 복잡한 환경 데이터를 분석하고 시뮬레이션함으로써, 탄소 중립 도시 설계를 가능하게 하는 중요한 동력이 되고 있다.

자연재해 대응 분야에서도 AI는 설계 혁신을 이끌고 있다. 일본의 오바야시(Obayashi) 건설사는 AI 기반 지진 시뮬레이션 기술을 통해 고성능 내진 설계를 구현했으며, 이를 자사 대형 빌딩 설계에 적용하고 있다(Global Design News, 2024). AI는 다양한 지진 발생 조건을 가상으로 실험하고 구조물의 반응을 예측함으로써, 재난 상황에서도 구조물의 안전성을 극대화할 수 있도록 한다.

한국의 포스코건설 역시 AI를 활용한 재난 시나리오 분석과 실시간 위험 감지 기술을 결합해 내진 설계와 건축물 안전 진단 시스템을 고도화하고 있다(POSCO, 2020). 이는 기술이 안전을 위한 예측과 대응을 가능하게 하는 중요한 도구가 되었음을 보여 준다.

최근에는 AI가 기후 변화에 대응하는 '기후 적응형 설계'에도 도입되고 있다. 향후 수십 년간 예상되는 기후 변화 데이터를 바탕으로 AI는 건물의 방수 구조, 일사량 조절, 공기 흐름 등 다양한 요소를 예측 · 설계함으로써, 기후 회복력을 갖춘 건축과 도시의 미래를 준비하게 한다. 이는 설계가 단지 현재를 위한 것이 아니라 미래를 설계하는 도구가 되어야 함을 일깨워 준다.

이처럼 AI는 건축 설계의 전 과정에 깊숙이 들어와 있다. 에너지와 환경을 고려한 효율적 설계는 물론, 재난과 기후 변화에 대응하는 유연한 구조 설계까지, AI는 미래 도시의 지속 가능성을 지탱하는 설계 파트너로 자리매김하고 있다.

AI 건축, 스마트 빌딩에서 도시까지

AI는 이제 건축 설계의 세부 영역을 넘어, 도시와 삶의 방식을 설계하는 동반자로 부상하고 있다. 전 세계적으로 AI는 스마트 빌딩, 도시 계획, 인터랙티브 공간 설계 등 다양한 분야로 활용 범위를 넓히며, 건축의 개념 자체를 새롭게 쓰고 있다.

네덜란드의 건축 회사 유엔스튜디오(UNStudio)는 실시간 데이터를 반영하는 AI 기반의 맞춤형 설계를 통해, 사용자 중심의 유기적인 공간을 구현하고 있다. 이들은 스마트 센서를 활용해 건물 이용자의 동선과 행동 패턴을 분석하고, 그 결과에 따라 공간을 자동으로 조정하는 시스템을 설계에 도입했다. 이러한 접근은 복합 상업시설이나 병원 등에서 공간 효율성과 사용자 만족도를 동시에 향상하는 데 기여하고 있다(UNS Paper, 2023).

중국 건축 회사 마드 아키텍츠(MAD Architects)는 대규모 도시 개발에 AI를 활용한 선도적인 사례로 꼽힌다. 이들은 인구 밀도, 교통 흐름, 주변 환경 데이터를 AI로 분석해, 기능성과 미적 감각이 공존하는 도시 설계안을 도출했다. AI는 복잡한 도시 구조 속에서 인간의 직관만으로는 파악하기 어려운 최적의 설계 해법을 제시함으로써, 건축의 창의성과 과학을 연결하는 가교 역할을 하고 있다(MAD Architects).

한국토지주택공사(LH)는 AI를 활용해 교통, 에너지, 환경 데이터를 분석하고 실시간 관리와 예측이 가능한 도시 공간을 설계함으로써, 스마트 시티 구현을 선도하고 있다. 이러한 시도는 도시 인프라를 더욱 지속 가능하고 탄력적으로 만드는 데 핵심적이다(한국토지주택공사, 스마트시티 조성).

AI는 단순한 도구를 넘어 건축가의 사고방식 자체를 바꾸고 있다. 변화하는 환경에 맞춰 유연하게 반응하고, 도시를 살아 있는 유기체처럼 설계할 수 있는 가능성, 그것이 AI가 건축에 가져온 가장 큰 전환점이라 할 수 있다.

AI 건축가

AI는 건축 설계의 기술적 진보를 넘어, 이제 예술적 실험의 장으로도 그 영역을 확장하고 있다. 일부 건축가들은 AI를 단순한 도구가 아닌 창작의 협업자로 활용해, 예측 불가능한 형태와 조형 실험을 가능케 하고 있다. 예를 들어, 파라메트릭 디자인은 AI의 수학적 알고리즘을 바탕으로 유기적이고 조형적인 건축 형태를 생성하며, 이는 인간 설계자의 기존 고정관념을 넘어서는 창조적 가능성을 열어 주고 있다(RealSpace).

프랑스의 우티 아시텍트(ūti architectes)는 AI 디자인 툴을 활용해 파리 도시 곳곳에 숨겨진 스케이트파크(Skatepark) 이미지를 생성했다. 스케이트파크는 스케이트보드, 인라인스케이트, 자전거 모터크로스(Bicycle Motocross, BMX) 등 다양한 바퀴 달린 스포츠를 즐길 수 있도록 설계된 공공 공간으로, 우리가 일상적으로 지나치는 도시 공간에 대한 새로운 해석을 보여 주었다(UNS Paper, 2023).

디지털 아티스트 하산 라가브(Hassan Ragab) 역시 AI를 활용해 현대적 구조물과 역사적 건축물을 결합하고, 이를 통해 미래 도시의 모습을 시각화하며 건축 예술의 경계를 확장하고 있다(AEC Magazine, 2022). 또한, 영국의 마인즈디자인(MindsDesign)은 AI를 활용해 메타버스(Metaverse) 공간에 구현한 '망각의 집(Oblivion House)'을 선보였다. 이 프로젝트는 자연과 건축, 현실과 상상의 경계를 허물며 인간이 꿈꾸는 이상적 공간을 AI의 창의적 해석으로 실현한 사례다(Alvarez, 2023).

비슷한 맥락에서, 코스타리카 건축가 롤랜도 세데뇨 데 라 크루즈(Rolando Cedeño de la Cruz)는 미드저니 같은 생성형 인공지능을 활용해 '생명의 나무(Tree of Life)' 콘셉트의 식당이나 고대 지구라트(Ziggurat)를 현대 미술관으로 재해석하며, 과거와 미래가 공존하는 건축적 상상력을 선보이고 있다(Khan, 2023).

국내에서도 AI와 건축의 융합은 활발히 진행되고 있다. 서울디자인재단은 동대문디자인플라자를 설계한 자하 하디드의 아트워크와 AI를 결합해, 건축 공간을 새로운 시각으로 재해석하는 실험을 선보였다(UNS Paper, 2023). 이와 더불어, AI 기반 건축 설계 플랫폼 빌드잇(BUILDIT)은 건축 디자인, 시각화, 시뮬레이션, 설계 자동화, 디자인 의사 결정 지원 등 다양한 기능을 갖추고 있으며, 실제 프로젝트에 적용되고 있다는 점에서 주목할 만하다. 이러한 사례를 통해 볼 때, AI 기술이 건축 설계의 자동화와 아이디어의 신속한 구현, 그리고 합리적인 의사 결정을 지원하는 도구로 점차 자리 잡아 가고 있다는 흐름은 분명하다.

AI와 3D 프린팅의 결합도 주목할 만하다. 네덜란드를 비롯한 일부 국가에서는 AI와 3D 프린팅 기술을 활용해 단기간에 맞춤형 주택을 완공하는 사례가 등장하고 있으며, 이는 건축의 제작 방식 자체를 혁신하고 있다(Samsung C&T, 2025).

또한 미디어아트와 건축의 융합을 통해 홀로그램, 가상현실, 인터랙티브 미디어(Interactive Media), 미디어 파사드(Media Facade) 등이 공간 경험을 확장하는 기술로 적극 활용되고 있다(HyundAI E&C, 2025). 특히, 미디어 파사드는 단순한 외벽을 넘어 건축물을 하나의 의미 있는 시각 매체로 변화시키며, 도시 경관 디자인, 공공예술, 공연 예술 등 다양한 분야에서 활발히 활용되고 있다.

최근에는 이러한 미디어 파사드에 AI 기술이 접목되며 새로운 전환점을 맞고 있다. AI는 미디어 파사드 영역에서 실시간으로 영상 콘텐츠를 생성하거나, 관객의 움직임과 주변 환경 변화에 반응해 시각 연출을 자동으로 조정할 수 있게 한다. 나아가 AI 기반의 데이터 분석과 예측 기능은 미디어 파사드가 광고, 공연, 공공예술 등의 영역에서 더욱 창의적이고 상호작용적인 시각 경험을 제공하도록 뒷받침한다. 이처럼 미디어 파사드는 AI와의 결합을 통해 예술적 표현의 경계를 넓히고, 공공 커뮤니케이션의 새로운 가능성을 열어 가고 있다.

현재 AI는 건축 예술의 시각화, 공간 설계, 메타버스, 디지털 트윈 등의 창의적 실험으로 우리의 공간 경험을 확장하고 있다. 건축가와 예술가들은 AI를 통해 물리적 한계를 넘어서는 상상력을 실현하며, 건축 예술의 미래를 새롭게 써 내려가고 있다. AI와 함께하는 건축은 이제 단순한 구조물을 만드는 작업을 넘어, 인간의 삶과 문화를 담아내는 예술적 행위로 진화하고 있다.

하지만 AI가 건축 예술 전반에 깊숙이 관여하게 되면서, 그 한계와 문제점에 대한 성찰도 함께 요구되고 있다. AI가 생성한 디자인의 창작권 귀속 문제, 학습 데이터의 편향성으로 인한 설계 결과의 불균형, 인간의 직관과 감성의 역할 축소 등은 해결이 필요한 과제로 남아 있다. 이러한 흐름 속에서 AI 건축 예술의 보완을 위해서는 인간 중심의 설계 기준을 유지하고, 기술 결과에 대한 비판적 해석력을 갖춘 창작자의 역할이 더욱 중요해지고 있다.

AI가 제시하는 결과물을 무비판적으로 수용하기보다

그것을 해석하고 조율하는 인간의 창의적 개입이 반드시 병행되어야 한다. 더불어 다양한 문화와 사용자 경험을 반영한 데이터 구성과, 예술가 · 건축가 · 기술자 간의 다학제적 협업은 AI 기반 건축 예술의 윤리성과 미적 깊이를 높이는 중요한 전략이 될 것이다. 결국 AI는 건축 예술의 대체자가 아니라, 인간의 상상력을 확장하는 촉진제로 기능할 때 가장 의미 있는 도구가 될 수 있을 것이다.

참고문헌

백지연(2025.4.25). LH, 표준화된 구조도면으로 구조 안전성 높인다. ≪매일경제≫, https://www.mk.co.kr/en/realestate/11301222

한국건설기술연구원. KICT 소개, https://www.kict.re.kr/menu.es?mid=a10801000000

한국토지주택공사. 스마트 시티 조성, https://www.lh.or.kr/menu.es?mid=a10403020000

AEC Magazine(2022.10.12). Midjourney architecture: Hassan Ragab, https://aecmag.com/AI/midjourney-architecture-hassan-ragab-conceptual-AI-rtist/

Alvarez, L.(2023). Oblivion House by Miroslav Naskov / MindsDesign. *Amazing Architecture,* https://amazingarchitecture.com/visualization/oblivion-house-by-miroslav-naskov-mind-design

Autodesk.com. Generative design AI, https://www.autodesk.com/solutions/generative-design-AI-software

Bell, J.(2024.12.13). AI in architecture: Zaha Hadid Architects on its pioneering use and collaborating with NVIDIA, *Wallpaper**, https://www.wallpaper.com/architecture/zaha-hadid-architects-nvidia-ai-in-architecture

Global Design News(2024.10.8). Obayashi Corporation creates a groundbreaking project in architectural 3D printing, earthquake-proof building, reflecting significant advancements in construction technology in a country prone to seismic activity, https://globaldesignnews.com/obayashi-corporation-creates-a-groundbreaking-project-in-architectural-3d-printing-earthquake-proof-building-reflecting-significant-advancements-in-construction-technology-in-a-country-prone-to-seis/

HyundAI E&C(2025.2.21). The heart of the AI era: Building data centers with HyundAI E&C, https://www.hdec.kr/en/newsroom/news_view.aspx?NewsSeq=1215&NewsType=JOURNAL&NewsListType=news_clist

Khan, R.(2023.4.27). Rolando Cedeño de la Cruz rethinks ancient structures using AI. *Designboom,* https://www.designboom.com/architecture/midjourney-ancient-ziggurat-pyramid-temple-modern-arts-venue-rolando-cedeno-de-la-cruz-04-27-2023/

MAD Architects. http://www.i-mad.com/office/info/

POSCO(2020). POSCO Corporate Citizenship Report 2020, https://www.posco.co.kr/homepage/docs/eng6/jsp/dn/irinfo/posco_report_2020.pdf

RealSpace. AI-driven parametric design: Redefining architectural software capabilities, https://www.realspace3d.com/blog/ai-driven-parametric-design-redefining-architectural-software-capabilities/

Samsung C&T(2025.3.27). Building Blocks of the Future: How Off-Site Construction is Shaping Tomorrow's Buildings, https://news.samsungcnt.com/en/features/engineering-construction/2025-03-building-blocks-of-the-future-how-off-site-construction-is-shaping-tomorrows-buildings/

UNS Paper(2023.1.16). The many (inter)faces of technology in the built environment. *UNS,* https://www.unstudio.com/news/papers/the-many-inter-faces-of-technology-in-the-built-environment

Wolff, D. de(2022.10.25). Designing the cities of tomorrow. *MIT News.* https://news.mit.edu/2022/designing-cities-tomorrow-carlo-ratti-1025

08
AI가 만든 음식 예술

미식(美食)은 오랜 세월 동안 인간의 창의력, 문화, 감각이 어우러진 총체로 여겨져 왔다. AI의 발전은 미식의 세계에도 새로운 바람을 불러일으키고 있다. AI는 식재료 조합과 레시피 설계, 조리 기술의 자동화는 물론, 개인의 건강 상태와 취향을 분석해 최적화된 식단을 제안하는 단계에까지 이르렀다. 더 나아가 AI는 플레이팅 영역에서도 창의적 가능성을 넓혀가며 푸드 아트(Food Art)의 새로운 세계를 열고 있다.

AI와 한의학?

AI가 차린 식탁

AI는 이제 인간의 감각적 영역이라 여겨졌던 요리와 미식의 세계에도 깊숙이 들어오며, 새로운 가능성을 열어가고 있다. 방대한 데이터를 분석하고 조합하는 능력을 바탕으로, AI는 단순한 조리 보조 도구를 넘어 창의적인 셰프로 진화하고 있다.

대표적인 사례로는 IBM의 '셰프 왓슨(Chef Watson)'이 있다. 셰프 왓슨은 다양한 식재료의 화학적 성분을 분석해 서로 어울릴 가능성이 높은 조합을 도출하고, 이를 바탕으로 기존에 없던 독창적인 레시피를 제안한다. 이 기술은 전통적인 조리법을 단순히 대체하는 데 그치지 않고, 실험적 요리와 미식 창작이라는 새로운 지평을 열어 주고 있다(Marr, 2021).

AI는 건강한 식단 설계에도 유용한 도구로 떠오르고 있다. 미국의 '이트러브(EatLove)' 플랫폼은 사용자의 건강 상태, 운동 습관, 혈액 검사 결과를 바탕으로 최적의 식단을 설계한다(www.eatlove.is/).

요리 과정 자체도 AI 기술에 의해 점점 자동화되고 있다. 영국의 로봇 기업 '몰리 로보틱스(Moley Robotics)'는 인간처럼 손을 움직이며 요리하는 AI 기반 로봇 셰프를 개발했다. 이 로봇은 온도 조절, 조리 순서, 타이밍 등을 정밀하게 제어하며, 고품질 요리를 일관되게 재현해 낸다(www.moley.com). 이는 바쁜 현대인의 삶에서 시간과 에너지를 절약해 주며, 요리를 더 즐길 수 있는 경험으로 만들어 준다.

이처럼 AI는 요리의 창의성, 건강 관리, 자동화 등 다양한 측면에서 혁신을 이끌고 있다. 기술이 발달함에 따라 미식의 영역은 더욱 풍부해지고, 인간의 삶과 감각을 새롭게 조형하는 하나의 예술적 표현으로까지 발전해 나가고 있다.

AI가 제안하는 건강한 미식

AI는 이제 우리의 식생활에도 깊이 관여하며, 개인 맞춤형 건강 식단 설계를 가능하게 하고 있다. 미국의 소프트웨어 기업이 개발한 '인사이드 트래커(InsideTracker)' 앱은 유전자 정보, 혈액 속 생화학적 지표, 생활 습관 데이터를 통합 분석해, 개인에게 최적화된 식단과 보충제를 제안한다(www.insidetracker.com/).

특히 최근 주목받는 '저속 노화(Slow Aging)'를 목표로 한 식습관 설계에서도 AI는 핵심적인 역할을 하며 AI는 단순한 영양 섭취를 넘어서 노화 예방과 웰빙까지 아우르는 새로운 라이프스타일의 지평을 열고 있다.

AI는 더 나아가 건강과 미적 감각의 융합이라는 영역으로 확장되고 있다. 영국 디자인 회사 봄파스 앤 파(Bompas & Parr)는 AI를 통해 음식의 색상, 형태, 배열 등을 정교하게 분석해, 매력적인 음식 디자인을 제안한다(www.bompasandparr.com).

AI는 지금 단순히 건강 데이터를 해석하는 데서 그치지 않고, 인간의 감각적인 경험인 '맛'과 '미'를 융합해 새로운 건강 미식을 창조하고 있다. 기술의 발전은 우리가 음식을 바라보는 방식 자체를 변화시키고 있으며, 앞으로 미식과 건강의 이상적인 접점을 향한 여정은 더욱 가속화될 것이다.

AI의 스마트 플레이팅

'보기 좋은 떡이 먹기에도 좋다'는 속담은 단순한 미적 기준을 넘어, 음식이 시각적으로 주는 첫인상이 우리의 식욕, 감정, 그리고 건강한 선택에 얼마나 큰 영향을 미치는지를 잘 보여 준다.

오늘날의 식문화는 시각적 아름다움과 건강 기능을 동시에 추구하는 방향으로 진화하고 있으며, 그 중심에는 AI 기술이 자리하고 있다. AI는 음식의 외형을 분석해 칼로리와 주요 영양소를 자동으로 추정하고, 이를 기반으로 개인 맞춤형 헬스케어 설루션(solution)을 제공하는 수준까지 발전하고 있다. 나아가 음식의 형태, 색상, 배치 등을 정교하게 분석해 가장 미적으로 만족스러운 플레이팅을 제안하는 데까지 그 활용 범위를 넓혀 가고 있다. 영국의 봄파스 앤 파 디자인 회사의 경우, AI를 활용해 음식의 색상 대비, 배열의 균형, 심리적 색채 반응 등을 분석함으로써 '먹기 전 감탄하게 만드는 음식'을 구현하고 있다.

AI 기반 플레이팅 기술은 단순히 아름다움을 추구하는 것을 넘어 '파이토케미컬(phytochemical)' 같은 건강 요소와도 긴밀히 연계되고 있다. 파이토케미컬은 채소, 과일 등 식물성 식품에 존재하는 천연 생리활성 물질로, 항산화 · 항암 · 면역 강화 등의 건강 효능을 지닌다(김대옥, 2021). 이 물질들은 색깔을 통해 식별되기도 하는데, 예컨대 토마토의 붉은색은 '리코펜(Lycopene)', 블루베리의 보라색은 '안토시아닌(Anthocyanin)', 당근의 주황빛은 '베타카로틴(Beta-carotene)'에 해당한다. AI는 이러한 색상 기반 파이토케미컬 정보를 식재료 분석과 플레이팅 설계에 활용해, 예쁜 음식이 곧 건강한 음식이 되는 방향으로 식단을 설계한다(Wu et all, 2025). 예를 들어 항산화 효과가 높은 보라색 채소와 면역 강화에 좋은 녹색 채소를 색의 조화에 맞춰 배치하도록 제안할 수 있다. 이렇게 만들어진 음식은 감각적으로도 아름답고 기능적으로도 건강에 유익한, 이른바 '기능성 미식(Functional Gastronomy)'으로 진화하고 있다.

이처럼 AI는 보기 좋은 음식의 미학과 영양학적 과학, 그리고 건강한 식생활 디자인을 융합해 우리의 식문화에 새로운 기준을 제시하고 있다. 앞으로 우리는 맛으로 먹는 음식을 넘어, 보기 좋아서 건강해지는 음식이라는 새로운 경험을 하게 될 것이다. 그리고 그 중심에서 AI는 데이터를 기반으로 요리하고, 감성을 고려해 디자인하는 미식의 공동 창작자로 자리매김할 것으로 보인다.

AI는 우리의 식생활을 더욱 건강하고 아름답게 변화시킬 수 있는 강력한 도구이지만, 그 잠재력이 제대로 발휘되기 위해서는 프라이버시 보호, 음식 문화의 다양성 존중, 투명한 알고리즘, 책임 있는 운영이라는 윤리적 기준이 반드시 수반되어야 한다. 그래야만 AI는 지속 가능하고 신뢰받는 음식 예술의 미래를 이끌 수 있을 것이다.

참고문헌

김대옥(2021.4). 산화방지제 파이토케미컬이 건강에 미치는 영향에 대해 고려할 점. ≪한국식품과학회지≫, 53(2), 111-114쪽,

https://www.dbpia.co.kr/journal/articleDetail?nodeId=NODE10549113

Marr, B.(2021.7.23). How AI-enabled chef Watson is bringing creativity and innovation to cooking. Bernard Marr & Co., https://bernardmarr.com/how-AI-enabled-chef-watson-is-bringing-creativity-and-innovation-to-cooking

Wu, X., et al.(2025.4.4). A scoping review of artificial intelligence for precision nutrition. *Advances in nutrition,* 16(4), https://www.sciencedirect.com/science/article/pii/S2161831325000341

09
AI가 디자인한 패션

AI는 패션 분야에서 디자인과 스타일 추천은 물론, 패션 산업 운영 효율화와 이미지 브랜딩까지 폭넓은 역할을 수행하고 있다. 이러한 기술은 개인의 취향과 라이프스타일을 정교하게 반영해 소비자 만족도를 높이는 동시에, 지속 가능한 패션 산업의 기반을 다지는 데 기여하고 있다. AI는 창의성과 감성을 겸비한 파트너로서, 사람 중심의 패션 경험을 더욱 풍부하고 세밀하게 확장해 가는 역할을 하고 있다.

AI와 화장품?

패션의 진화와 사회적 메시지

의복은 인류의 역사와 함께 진화해 온 문화적 표현의 산물이다. 최초의 옷은 추위와 외부 환경으로부터 몸을 보호하는 실용적인 도구였지만, 시간이 흐르면서 점차 신분, 계급, 정체성을 상징하는 기호로 확장되었다.

고대 이집트에서는 파라오와 귀족이 황금 장식과 고급 직물로 권위를 드러냈고, 고대 그리스와 로마에서는 간결하고 우아한 튜닉과 토가가 시민의 품위와 문화적 이상을 나타냈다. 중세로 넘어오면 종교적 질서와 신분 체계에 따라 의복의 양식이 분화되었고, 르네상스 시대에는 예술적 감수성과 장식이 융합되어 의복은 곧 예술의 일부가 되었다(Laver, 2012).

19세기 산업혁명은 패션의 판도를 바꿨다. 의복의 대량 생산이 가능해지면서 패션은 상류층의 전유물에서 벗어나 대중적 소비문화로 확산되었고, 20세기 들어서는 여성 해방 운동과 반문화 운동 등 사회적 변화의 흐름 속에서 독특한 스타일들이 등장했다. 예를 들어, 1920년대 코코 샤넬은 코르셋에 갇혀 있던 여성복의 형식을 벗겨 내며 실용성과 활동성을 강조한 디자인을 제안했고, 1960년대에는 미니스커트와 청바지가 기존 질서에 대한 저항의 상징으로 자리 잡았다(Lipovetsky, 1994).

2025년 미국 대통령 취임식에서 멜라니아 트럼프가 선택한 네이비 실크 울 코트와 아이보리 블라우스는 단순한 패션이 아닌, 미국 제품에 대한 지지를 내포한 정치적 표현이기도 했다(Vogue, 2025). 이처럼 오늘날 패션은 정치, 문화, 예술의 경계를 넘나드는 메시지 플랫폼으로 자리매김하고 있다.

이제 패션의 의미를 AI가 분석하고 예측하며 전략적으로 활용하는 시대에 진입했다. AI는 데이터 기반으로 소비자 취향을 파악하고, 사회적 맥락에 맞춘 스타일을 제안하며, 나아가 브랜드의 메시지를 시각적으로 구현하는 데까지 기여하고 있다. AI는 패션을 읽고 해석하며 새로운 창조의 주체로 부상하고 있다.

AI와 패션 디자인의 창의적 융합

AI는 이제 패션 디자이너의 단순한 조력자를 넘어, 창의적 파트너로서의 역할을 확장하고 있다. 생성적 적대 신경망, 확산 모델, 비전-언어 모델 등으로 대표되는 생성형 인공지능은 수천만 개의 이미지와 텍스트 데이터를 학습해 디자이너의 아이디어를 시각화하고, 새로운 스타일 창출에 기여하고 있다(Ramesh et al., 2022).

세계적인 브랜드들도 AI 기술을 실험하며 창작의 경

계를 확장하고 있다. 구찌(Gucci)는 자사 컬렉션의 색상과 패턴을 AI가 분석하게 하고, 브랜드 정체성을 유지하면서도 혁신적인 디자인을 제안하는 알고리즘을 도입해 왔다. 프라다(Prada)는 디지털 텍스타일 디자인(Digital Textile Design)에 AI를 접목하며, 전통적 소재 개념을 디지털로 확장하는 시도를 하고 있다. H&M과 자라(Zara)와 같은 패스트 패션 기업들은 트렌드 분석, 재고 예측, 신상품 기획에 AI를 적극적으로 활용하며 기획 속도와 시장 반응성을 높이고 있다(Balchandani et al., 2022).

최근 주목받고 있는 생성형 인공지능 기술 중 하나인 스테이블 디퓨전(Stable Diffusion)은 사용자가 "고딕풍 실루엣에 블랙 레이스와 금속 장식이 결합된 드레스" 같은 프롬프트를 입력하면, 해당 키워드를 기반으로 스케치를 신속하게 시각화하는 기능을 제공한다(Rombach et al., 2021). 이러한 기술은 단순한 도식화를 넘어, 디지털 패션 디자인과 대체 불가 토큰(NFT) 기반 창작물로의 확장을 유도하며, 메타버스와 게임 환경에서도 새로운 형태의 패션 소비 경험을 만들어 내고 있다.

또한, 어도비 파이어플라이(Adobe Firefly), 딥 드림 제너레이터(Deep Dream Generator), 아트브리더

(Artbreeder) 등 다양한 AI 기반 디자인 소프트웨어가 실무에 활용되고 있다. 이러한 소프트웨어는 디자이너의 창의성을 뒷받침하는 도구로 작동할 뿐만 아니라, 일반 사용자들도 직접 패션 디자인에 참여할 수 있도록 문턱을 낮추며 디자인의 대중화에 기여하고 있다.

AI의 패션 스타일링 조언

AI는 이제 패션 디자인을 넘어, 일상 속 스타일링 조언자로 자리 잡아가고 있다. 2017년, 아마존은 '에코 룩(Echo Look)'이라는 AI 기반 스타일링 기기를 선보이며 사용자의 의상을 분석하고 개선 방향을 제안하는 서비스를 제공했다(Kleinman, 2017).

이후 해당 기능은 AI 음성비서 '알렉사(Alexa)'에 통합되면서, 날씨, 일정, 스타일 선호도 등 다양한 데이터를 기반으로 음성 기반 맞춤형 패션 추천으로 진화했다. 사용자가 "알렉사, 오늘 출근 룩 추천해 줘"라고 말하면, AI는 날씨 정보, 사용자의 캘린더 일정, 과거 착용 기록, 즐겨 입는 색상 등을 종합 분석해 최적의 스타일을 제안했다. 나아가 "결혼식 하객 룩 추천해 줘" 혹은 "야외 여행 복장 골라 줘" 같은 요청에도, AI는 사용자의 옷장 정보를 활용해 구체적인 상황에 맞춘 스타일링 조합을 제시할 수 있었다. 이러한 진화는 단순한 추천을 넘어 맥락 인식 기반의 맞춤형 조언자로 AI가 발전하고 있음을 보여 준다.

하지만 AI가 사람의 취향을 데이터 기반으로 학습한다는 점에서, 인간적인 감성과 직관의 영역에서는 여전히 보완이 필요하다. 이에 따라 최근에는 AI와 인간 스타일리스트가 협력하는 하이브리드 협업 모델이 주목받고 있다. 미국의 대표적인 패션 테크 기업 '스티치 픽스(Stitch Fix)'는 고객의 선호도, 체형, 직업, 생활 환경 등의 데이터를 AI가 먼저 분석해 추천 안을 제안하고, 이후 인간 스타일리스트가 이를 최종 검토한다.

이러한 협업은 AI가 제공하는 기술적 정확성에 인간이 제공하는 감성적 정밀함을 결합함으로써 완성된다. 2021년 스티치 픽스가 도입한 '프리스타일' 기능은 고객이 AI 추천 외에도 직접 아이템을 선택할 수 있도록 해, 소비자에게 주도권과 즐거움을 동시에 제공했다(https://newsroom.stitchfix.com/).

이처럼 AI는 점점 더 능동적인 패션 파트너로 발전하고 있으며, 패션 소비 방식뿐 아니라 스타일링 문화 자체를 재정의하고 있다.

패션 산업의 재구성

AI는 이제 스타일링 도우미에 머무르지 않고, 패션 산업의 운영과 전략을 혁신하는 기술로 확장되고 있다. 대표적인 사례로 H&M은 AI를 활용해 매장별 판매 속도, SNS 반응, 지역별 수요, 기후 데이터를 실시간으로 분석해 재고를 효율적으로 관리하고 있다. 덕분에 생산량을 조절해 소비자 수요에 보다 유연하게 대응할 수 있는 시스템을 구축하게 되었다.

또한 AI는 지역 특성 및 계절성을 반영해 상품을 배치하는 데에도 기여한다. 예컨대 북유럽 매장에는 두꺼운 니트웨어를, 동아시아 매장에는 통기성 좋은 여름 의류를 공급함으로써 소비자 만족도는 물론 공급망의 효율성도 높아지고 있다. 이와 함께 AI는 친환경 패션 전략 수립에도 활발히 활용되고 있다. AI는 친환경 원단에 대한 수요를 예측하고, 탄소 발자국을 분석하며, 생산과 운송 과정에서의 에너지 사용량을 정밀하게 추적한다. 이러한 기능을 통해 환경(Environment), 사회(Social), 지배구조(Governance)를 중시하는 ESG 시대에, AI는 지속 가능성을 실현하는 핵심 기술로 주목받고 있다.

이와 같은 산업적 측면 외에도, AI는 이미지 브랜딩 전략의 도구로도 각광받고 있다. 색상, 실루엣, 패턴 등의 시각 요소가 소비자에게 신뢰감, 고급스러움, 혹은 대담함 같은 감정을 불러일으키는지를 AI는 정량적으로 분석할 수 있다. 예컨대 도널드 트럼프의 붉은 넥타이, 멜라니아 트럼프의 절제된 실루엣의 코트는 보수적 리더십과 권위를 상징하는 대표적 사례로 분석된다(Morrison, 2022).

AI는 브랜드가 전달하고자 하는 메시지와 소비자가 실제로 받아들이는 인식 간의 차이를 시각화하고 최적화하며, 광고, 색상, 스타일링, 제품 기획 등 다양한 디자인 요소들을 전략적으로 설계할 수 있게 한다. 이로써 AI는 단지 기술 도구를 넘어, 브랜드의 정체성과 메시지를 정교하게 구축하는 브랜딩 파트너로 기능하고 있다.

궁극적으로, AI는 패션을 창조하고 소통하는 사회적 언어로 전환하고 있다. 인간의 직관과 감성이 주도하던 영역에 AI가 구조적 정교함과 데이터 기반 판단을 더함으로써, 패션은 '보는 예술'에서 '경험하는 예술'로 진화하고 있다. 알고리즘은 이제 사람의 개성을 더욱 풍부하게 표현해 주는 직물이 되고 있으며, 이로써 패션 산업은 기술과 감성이 직조하는 새로운 미래로 나아가고 있다.

패션은 시대와 문화, 사회적 분위기에 따라 끊임없이 변화해 온 감성의 표현이자 정체성의 상징이다. 하지만

AI 기반 패션 기술은 이러한 복합적 맥락을 모두 포착하기에는 아직 한계가 존재한다. 아무리 방대한 데이터를 학습하더라도, 개인이 지닌 고유한 문화적 배경이나 정체성의 다양성을 충분히 반영하지 못할 수 있으며, 이 과정에서 사생활 침해, 알고리즘 편향, 설명력 부족 등의 문제도 함께 제기된다.

따라서 우리는 AI가 안내하는 패션을 인간의 창의성과 감성을 보완하는 조력자로 바라봐야 하며, 그 활용에 더욱 세심한 윤리적 성찰과 포용적 시선이 필요하다. 기술은 결국 사람을 위한 것이며, 진정한 혁신은 다양성과 공감을 잃지 않을 때 비로소 완성되기 때문이다.

참고문헌

Balchandani, A., et al.(2022.5.2). State of fashion technology report 2022. McKinsey & Company, https://www.mckinsey.com/industries/retail/our-insights/state-of-fashion-technology-report-2022

Kleinman, Z.(2017.4.28). Amazon 'style assistant' divides opinion. BBC, https://www.bbc.com/news/technology-39744293

Laver, J.(2012). *Costume and fashion: A concise history*(5th ed.). Thames & Hudson.

Lipovetsky, G.(1994). *The empire of fashion: Dressing modern democracy*. Princeton University Press.

Morrison, K. A.(2022.3.1). Ill-fitting suits and taped ties: Donald

Trump's politico-sartorial style. *Fashion, Style & Popular Culture*, 9(1-2), pp.185-203. https://doi.org/10.1386/fspc_00031_1

Ramesh, A., et al.(2022.4.13). Hierarchical text-conditional image generation with CLIP latents. *ArXiv*, https://arxiv.org/abs/2204.06125

Rombach, R., et al.(2021.12.20). High-Resolution Image Synthesis with Latent Diffusion Models. *ArXiv*, https://arxiv.org/abs/2112.10752

Vogue(2025.1.20). Melania Trump chose this independent designer to make her 2025 inauguration look, https://www.vogue.com/article/melania-trump-2025-inauguration-fashion

10
K-AI 문화 예술

AI는 예술 교육, 창작, 윤리, 저작권 등 다양한 영역에 깊이 개입하며, 문화 예술의 경계를 확장하고 있다. 이제 한국형 파운데이션 모델을 바탕으로 문화 예술을 디자인하고, 고유한 미학을 담아 K-AI 문화 예술 지형을 주도적으로 형성해 나가야 할 새로운 전환점에 서 있다.

종교와 AI?

창작의 경계를 넘는 AI

예술은 오랫동안 인간의 감정, 상상력, 그리고 철학이 어우러진 고유한 창조 행위로 여겨져 왔다. 다 빈치의 드로잉, 베토벤의 교향곡, 셰익스피어의 희곡처럼, 위대한 예술 작품들은 창작자의 내면세계와 경험이 투영된 결과물이다.

최근 딥 러닝 기반의 생성형 인공지능은 이러한 전통적 전제에 근본적인 질문을 던진다. 수많은 데이터를 학습한 AI는 새로운 이미지, 음악, 텍스트를 스스로 생성하며, 인간의 창작물과 구별이 어려울 정도의 정교함을 보여 주고 있다(Bommasani et al., 2021).

예술은 결과뿐 아니라, 그 과정 자체가 중요한 행위다. 인간의 감정과 맥락, 서사가 결여된 AI의 결과물은 단지 알고리즘의 산출물일 뿐이라는 비판도 존재한다(Hall & Schofield, 2025). 그러나 1917년 마르셀 뒤샹(Marcel Duchamp)이 레디메이드(Ready-made)'라는 개념을 도입해 일상적인 사물을 예술 작품으로 전시장에 놓으며 "예술은 명명되는 순간 예술이 된다"는 개념을 제시했듯이, 오늘날의 AI 작품 역시 인간이 의미를 부여하고 예술로 수용하는 순간 하나의 예술로 기능할 수 있다는 관점이 설득력을 얻고 있다(Moruzzi, 2025).

최근 음악, 미술, 문학 등 다양한 예술 분야에서 인간과 AI의 협업이 활발히 이뤄지고 있다. AI는 아이디어의 초안을 제시하고, 인간은 여기에 감성적 해석과 미학적 완성도를 더한다. 이러한 협업은 창작의 경계를 확장하며, 예술의 새로운 가능성을 열어 가고 있다(AIART, 2025).

예술 교육에 들어온 AI

예술 교육의 패러다임이 지금, 근본적으로 변화하고 있다. 과거에는 수작업 중심의 기법 교육과 개인의 정서적 표현을 중심으로 한 전통적 교육 방식이 주를 이루었다면, 이제는 AI가 예술 교육의 핵심 과정에 본격적으로 개입하기 시작했다. 생성형 인공지능이 예술 창작의 도구이자 동반자로 등장하면서, 예술가가 익혀야 할 역량 또한 재정의되고 있다.

오늘날 예술가에게는 AI와의 협업 능력, 데이터 리터러시, 알고리즘적 사고력, 그리고 디지털 창의성이 새로운 필수 조건으로 떠오르고 있다. AI는 단순한 보조 수단이 아니라, 창작의 흐름을 바꾸고, 예술가의 정체성까지도 새롭게 형성하는 존재로 자리 잡고 있다.

이러한 변화는 예술 교육이 단순히 도구의 사용법을

가르치는 것을 넘어, AI가 생성한 이미지나 음악을 어떻게 비판적으로 해석하고 수용할 것인지, 나아가 그 창작물의 의미와 책임을 어떻게 설정할 것인지에 대한 사고와 토론까지 포함하게 만든다. 더 나아가, 데이터 편향, 문화적 재현, 창작물의 소유권 문제 등 현실적인 윤리 이슈를 다루는 교육이 동반되어야 하며, 이는 예술가가 단순한 AI 도구 사용자가 아닌, 기술의 방향과 가치를 함께 설계하는 공동 창작자로 성장할 수 있도록 돕는다.

결국 예술 교육은 이제 AI라는 새로운 존재와 함께 가야 할 시점에 도달했다. 기술과 감성, 창의성과 책임의 균형을 조율하는 교육이야말로, 인공지능 시대를 살아가는 예술가에게 필요한 진정한 창작의 기초가 될 것이다.

AI 문화 예술의 향후 방향

AI가 다양한 문화 예술 창작 영역에 본격적으로 진입하면서, 우리는 단순한 기술적 혁신을 넘어 복잡한 윤리적, 사회적 문제와 마주하게 되었다(AIART, 2025; Moruzzi, 2025). 현재 문화 예술 영역에서는 다음과 같은 쟁점들이 논의되고 있다(Hall & Schofield, 2025).

첫째, 작품의 진위성(Authenticity)이다. AI가 생성한 예술 작품의 진위성은 중요한 논쟁거리다. 인간 예술가의 손길과 의도가 담긴 작품과, AI가 방대한 데이터에서 패턴을 추출해 만들어 낸 작품 사이에는 본질적인 차이가 있다. 관람자는 AI 작품에서 '창작자의 내면'이나 '고유한 개성'을 느낄 수 있을까? 작품의 진정성, 독창성, 그리고 예술적 가치에 대한 기준이 새롭게 재정립되고 있다.

둘째, 예술가로서의 AI 권리다. AI가 점점 더 창의적이고 독립적으로 작품을 만들어 내면서, AI 자체를 '예술가'로 볼 수 있는가에 대한 논의가 시작됐다. AI가 만든 작품에 대해 저작권을 부여할 수 있는지, AI에게 법적 권리나 책임을 부여해야 하는지 등은 아직 사회적 합의가 이뤄지지 않은 영역이다. 일부 국가는 AI가 만든 창작물에 대해 인간 저작권자의 개입이 없으면 보호 대상이 아니라고 명시하고 있지만, 앞으로 이 문제는 더욱 복잡해질 전망이다.

셋째, 창작물의 소유권 문제다. AI와 인간이 협업해 만든 작품의 소유권은 누구에게 귀속되는가? AI 모델을 개발한 기업, AI를 활용한 인간 예술가, 혹은 AI 그 자체? 특히, AI가 기존 예술가들의 작품을 학습 데이터로 활용해 새로운 창작물을 만들어 낼 때, 원작자와의 관계, 2차

저작권, 표절 논란 등 복잡한 법적 쟁점이 발생한다. 이는 예술가의 생계, 창작의 자유, 공정한 보상 체계와도 직결된다.

넷째, 윤리적 · 사회적 책임이다. AI 예술의 상업화와 대중화는 막대한 전력 소모, 데이터 학습 비용, 창작자 권리 침해, 문화적 다양성 훼손 등 다양한 환경적 · 윤리적 문제도 동반한다. AI가 만들어 내는 예술이 특정 문화나 사회적 맥락을 왜곡하거나, 소수 집단의 표현을 배제할 위험도 존재한다. 이에 따라 AI 예술의 발전 방향은 기술적 진보와 더불어 윤리적 기준, 사회적 책임, 투명성, 공정성 등의 원칙을 반드시 수반해야 한다.

이제 우리는 이러한 변화를 어떻게 해석할지, 그리고 그 의미와 책임을 어떤 문화적 기준과 윤리적 통찰 속에서 설정할지를 함께 고민해야 할 시점이다.

K-AI 문화 예술과 파운데이션 모델

파운데이션 모델은 인간의 언어, 이미지, 예술적 표현을 학습하고 재창조할 수 있도록 설계된 범용 인공지능 시스템이다. 이러한 파운데이션 모델들은 대규모 데이터를 기반으로 사전 학습(Pre-training)을 수행한 후, 전이 학습(Transfer Learning)과 파인튜닝(Fine-tuning) 과정을 거쳐 다양한 작업에 폭넓게 활용될 수 있는 지능형 시스템의 역할을 수행한다(Hall & Schofield, 2025).

이처럼 수십억 개의 파라미터를 학습한 초거대 파운데이션 모델을 구축하려면 막대한 데이터, 자본, 전력, 컴퓨팅 자원이 필요하다. 최근에는 기존 글로벌 파운데이션 모델을 국내 실정에 맞게 파인튜닝하거나, 한국어와 한국 문화를 반영한 특화 모델을 개발하는 움직임이 활발하다. 이러한 흐름은 데이터 주권과 기술 자립을 강화하는 소버린 AI(Sovereign AI)의 추구로 이어지고 있다

독일의 철학자 헤겔은 《법철학》 서문에서 "미네르바의 올빼미는 황혼이 깃들 무렵에야 비로소 날기 시작한다"라고 언급한 바 있다. 이는 인간이 특정 사상이나 역사적 전환의 의미를 온전히 이해하기 위해서는 일정한 시간의 경과와 반성적 인식이 필요하다는 점을 함축한다. 실제로 사회적 변화나 기술 혁신의 본질은 사후적 분석을 통해 더욱 명확히 드러나는 경우가 많다.

이러한 관점에서 현재 인공지능 기술의 패권 전쟁에서 한국의 대응은 상대적으로 후발적이라는 평가를 받기도 한다. 그러나 피할 수 없는 인공지능 시대를 마주한 지금, 이는 단순한 지체로 해석하기보다는 선도국의 경

험과 시행착오를 분석해 전략적 우위를 확보할 수 있는 전환점으로 삼아야 할 것이다. 헤겔의 통찰에 비춰, 지연된 출발이 오히려 심층적 이해와 성숙한 대응으로 이어질 수 있는 시기이며, AI 시대의 복합적 전환기에 요구되는 철학적 태도와 실천적 지혜가 절실한 시점이라 할 수 있다.

K-AI를 위한 한국형 파운데이션 모델은 단순한 기술 주권을 넘어, 예술과 창작의 영역에서 한국만의 감성과 미학을 담아낸 'K-AI'를 실현하며, 한국형 문화 예술 지형을 이끄는 전략적 기반이 되어 세계 무대에서 비상하기를 기대한다.

참고문헌

AI ART(2025). Call for papers. The 7th IEEE workshop on artificial intelligence for art creation. Nantes, France, https://AIart-2025.github.io

Bommasani, R., et al.(2021.8.16). On the Opportunities and Risks of Foundation Models. *ArXiv,* https://arxiv.org/abs/2108.07258

Hall, J. & Schofield, D.(2025.2). The value of creativity: Human produced art vs. AI-generated art. *Art and design review,* 13(1), https://www.scirp.org/journal/paperinformation?paperid=140943

Moruzzi, C.(2025.3.3). Artificial intelligence and creativity. *Philosophy compass,* 20(3), https://compass.onlinelibrary.wiley.com/doi/10.1111/phc3.70030?af=R

김희수

광주과학기술원(GIST) 정보컴퓨팅대학 AI융합학과 산학교수다. 2009년 전남대학교 공과대학 소프트웨어공학과에서 “영상 특성을 고려한 에지 방향 기반의 이방성 확산(Anisotropic Diffusion Based on Edge-Directions Considering Image Features)” 논문으로 박사 학위를 받았다. 2000년부터 2017년까지 전남대학교에서 인공지능과 문화 예술을 융합한 연구와 강의를 수행하며, SCI, SSCI, SCOPUS, KCI 등재 학술지에 약 80편의 논문을 발표했다. 2018년부터 현재까지 광주과학기술원에서 AI 인재 양성 및 AI 교육자료 개발 연구를 수행하며, ‘Software Coding and AI Practical Use’ 교과 강의에서 총 7회에 걸쳐 강의평가 1위를 기록한 바 있다. 현재 한국디지털콘텐츠학회 논문심사위원, (사)전국여교수연합회 이사, 범부처통합연구지원시스템(IRIS) 평가위원으로 활동하고 있다.